# QU'EST-CE QU'UNE NATION, UN CORPS POLITIQUE, UN ÉTAT?

*Où l'on prouve, d'après les principes et l'expérience des siècles qu'une seule génération ne doit pas usurper ces noms, et s'en prévaloir pour tout bouleverser et pour tout détruire sans aucun égard pour la postérité.*

> *Infixae sunt gentes in interitu quem fecerunt.*
> Ps. 9, w. 15.

LE mot de nation a tout d'un coup fait une si grande fortune parmi nous, il est devenu si imposant; son influence a été si funeste sur la révolution Française, par tous les genres de subversions, de dévastations, de massacres dont il a été le prétexte, qu'il devient enfin tems de déterminer avec justesse et précision, quel est le vrai sens qu'il faut y attacher. Et s'il est vrai que l'on a pu s'en prévaloir pour tout bouleverser et pour tout détruire : en prévenant que nous ne nous permettrons rien que nous n'ayons en même tems l'attention d'appuyer de l'expérience des siècles, on sentira sans doute, de quel intérêt il peut-être de nous suivre dans le développement de ces neuves et intéressantes questions avec toute l'attention que les circonstances réclament.

Et d'abord, d'après la remarque judicieuse de l'auteur du cathéchisme publié à ce moment ci sous le nom de l'abbé Maury, ou réflexion de l'almanach du père Gerard. « Le mot de nation vient de » naître, il exprime la totalité ou la col» lection de tous les natifs d'un pays, » ainsi à ne considérer que le mot nation, » en lui-même, tout autre homme qu'un » homme né en France, n'est point de » la nation Française; et soit qu'on fût » fixé en France ou ailleurs, on seroit de » la nation Française, dès qu'on seroit » natif de France, en ce sens, nation ne » dit pas plus que territoire ».

Parconséquent le sens net, précis et direct des mot *nation*, *national*, est exactement le même que celui de territoire ou territorial, ainsi donc les grands mots de volonté, puissance, souveraineté nationales, dont l'orgueil vient de tirer un si grand avantage ; ne sont au fond, dans le sens propre, littéral et précis, que la volonté du territoire, la puissance du territoire, la souveraineté du territoire ; méprise souverainement ridicule, car les deux mots *nation*, *national*, rendus ainsi à leur signification primitive et réelle, certainement qui que ce soit ne s'avisera de dire que le territoire puisse avoir ni volonté, ni puissance, ni souveraineté ; on se seroit donc bien gardé de la ridicule emphase avec laquelle on a si ridiculement mis ces trois grands mots à toutes les sauces da la bouffissure démagogique, pour peu qu'on se fut auparavant douté d'une aussi étrange méprise. Cependant l'usage a maintenant donné à ce mot une acception toute différente de la véritable, et l'usage, tel qu'il soit, entraîne toujours les esprits superficiels. Eh bien ! soit ; copions encore sous cette acception l'auteur du catéchisme de l'abbé Maury.

« En considérant la nation comme formant un corps politique, un état, une grande société d'hommes réunis par les mêmes loix ». *La nation est la totalité des citoyens formant une grande société d'hommes réunis sous les mêmes loix.*

*La nation est la totalité* des citoyens ! En ce cas, disons le nettement, ce qu'on appelle nation, n'est plus simplement *la totalité des citoyens formant* etc. ; car le corps politique ou l'état, est non seulement cela, mais infiniment plus que cela.

*Car par la totalité des citoyens formant une grande société d'hommes réunis sous les mêmes loix*, l'on ne pourroit entendre que la masse d'individus existans dans un point donné de la durée complette d'un peuple. Ce ne seroit qu'une seule génération, sans aucun rapport avec celles qui l'auroit précédée ou celle dont elle doit être suivie, en sorte qu'elle ne seroit comptable qu'à elle-même, de tout ce qu'elle auroit pu faire de bien ou de mal, et que si c'étoit là ce qu'on peut entendre par une nation, un corps politique, un état il y auroit par cela même dans une société qui auroit une fois admis pour principes l'isolément de chacune de ces générations, autant de nations, de corps politiques et d'états, qu'il se seroit trouvé de générations dans l'intervalle, plus ou moins long de sa durée. D'où résulteroit un cahos perpétuel, absolument incompatible avec l'harmonie sociale, qu'elle que fut la forme de gouvernement.

Conformons-nous cependant pour le moment à l'usage reçu, appellons indifférement ou nation, ou corps politique, ou état, une *totalité* quelconque *de citoyens formant une société d'hommes réunis sous les mêmes loix.*

Par cela seul qu'on dit, *réunis sous les mêmes loix*, l'on suppose nécessairement permanence et stabilité; car il naît, et il meurt des hommes de tous les âges; à chaque minute commencent et finissent des générations, dont on ne peut en isoler aucune. D'ailleurs, jamais depuis que le monde existe, il n'y a eu d'exemple d'un seul législateur qui ait seulement eu l'idée de dire à ses contemporains, on va vous donner des loix qui n'auront aucun rapport avec votre état passé, ni avec les égards qui sont dus à votre postérité; mais seulement à l'instant fugitif où vous respirez, qu'il vous faut adopter avec enthousiasme, dont nous exigeons que vous juriez l'exacte et fidèle observation sans vous inquiéter si elles conviendront ou non, aux générations auxquelles vous allez faire place en disparoissant de la scène du monde.

Les législateurs de tous les tems ont au contraire eu la sage et judicieuse attention de choisir avec un juste discernement dans ce que les loix, les mœurs, les coutumes, la religion des peuples qu'ils vouloient instituer et même chez les autres peuples, ce qu'ils y trouveroient de plus analogue au génie, au caractère des peuples qu'ils vouloient civiliser, et ce n'est qu'autant qu'ils pouvoient lier par leur législation l'avenir au passé qu'ils croyoient être parvenus à former une nation, un corps politique, un état.

Par ces mots nation, corps politique, état, l'on ne doit donc pas seulement entendre les individus vivans dans un point donné de leur durée; mais bien l'ensemble de toutes les générations qui composent cette durée, à commencer du moment où s'est formé le corps politique, l'état, jusqu'au moment de sa dissolution, ou de l'invasion que lui donnent la mort, comme corps politique, comme état, en la soumettant à des loix auxquelles elle n'a plus aucune part.

L'empire de Babylonne jusqu'à Cirus; celui des Mèdes jusqu'à Alexandre; d'Athènes depuis Cécrops, de Sparthe depuis Lycurgue jusqu'à Philippe; de Numa jusqu'à l'invasion de l'empire Romain, par les Barbares, voilà en remontant à la plus haute antiquité, jusqu'au moment où les nations modernes se sont formées sur les ruines de l'empire Romain, de quoi convaincre de cette grande vérité, que l'irréfléxion seule a pu faire perdre de vue, savoir qu'une seule génération n'est pas plus une nation, un corps politique, un état, qu'un seul individu de cette génération, n'est cette génération entière.

D'où il résulte que les institutions publiques d'une nation pour pouvoir réellement former un corps politique, un état, doivent être pour chaque génération, un dépôt sacré :

Que, parconséquent chaque génération doit transmettre ce dépôt sacré aux générations qui doivent la suivre avec la même fidèlité qu'elles lui ont été transmises par celles dont elle ne tient que temporairement la place, sauf pourtant les améliorations qui peuvent y être introduites, mais sans les dénaturer ni les détruire.

Les nations ont été obligées de se soumettre invariablement à un ordre perpétuel pour s'éviter d'être la proye d'ambitieuses innovations, qu'il est toujours si facile de présenter sous des dehors séduisans et capables d'en imposer à la crédulité des peuples.

Il y en a une autre grande et solide raison ; c'est que les institutions publiques ne peuvent être utiles qu'autant qu'elles sont respectées et qu'elles ne sont respectées qu'en raison de ce qu'elles sont antiques.

Aucun code n'a jamais montré d'une manière aussi fortement prononcé que celui de Zaléncus, tout le poid qu'il falloit attacher à d'aussi puissans motifs ; il avoit exigé que celui qui auroit à proposer des loix nouvelles, ne se présentât à l'assemblée du peuple que la corde au cou pour payer sur le champ de sa vie sa témérité, si elle se trouvoit rejettée ; sans doute cette loi étoit excessivement sévère, cependant pour peu qu'on réfléchisse, combien la légéreté et l'inconsidération avec laquelle l'on vient de bouleverser toutes nos institutions et les maux affreux qui en résultent, l'on sera sûrement disposé à juger ce sévère législateur avec plus d'indulgence.

Toutes les nations qui se sont écartées de ces sages régles ont été victimes de leur turbulente impudence, elles sont devenues la proie de quelques scélérats vomis de leur propre sein, ou connus sous le nom justement abhorré de conquérants.

Un exemple à jamais mémorable de la stabilité d'un grand empire dû à son seul respect pour ses antiques et vénérables institutions, quoiqu'on ne puisse sans doute, pas dire à beaucoup près qu'elles soient parfaites, c'est la Chine, ses conquérans n'ont pas même pu l'en dépouiller, ils s'y sont soumis; et c'est par-là qu'elle s'est asservie ses maîtres.

Une soumission aveugle et graduelle de tous les individus de l'immense population de ce vaste empire aboutissant à un seul individu reconnu pour sacré et inviolable, gouvernant despotiquement d'après des loix dont l'origine se perd dans l'obscurité des tems; sans autre garant, sans autre responsabilité que la sévère impartialité de l'histoire ont prolongé jusqu'à nos jours la durée de cette antique nation ; tandis que les institutions si vantées de la Grèce et de Rome ne nous sont plus connues que par l'histoire. Voilà de quoi confondre l'orgueil humain ; le ciel devoit à la terre cet éclatant exemple, que l'homme est fait pour se soumettre, et que la folle liberté, dont des penseurs audacieux ont prétendu, dans tous les tems, flatter l'orgueil de leurs contemporains et de la postérité, n'a jamais abouti qu'à la ruine et à la destruction des hommes et des empires.

Le peuple du Dannemarck remettant le dépôt de sa liberté dans les mains du despotisme légal, et jouissant dès lors jusqu'aujourd'hui de tout le bonheur, de toute la sécurité que la nature humaine comporte, en même-tems, que tous les autres peuples ont été ou sont toujours menacés d'être en proie aux plus cruelles agitations; voilà au sein même de l'Europe un autre exemple subsistant que les peuples sont faits pour avoir des maîtres, et non pas pour se gouverner eux-mêmes.

C'est là qu'ont toujours abouti, et qu'aboutiront toujours, toutes les vaines spéculations de l'audace ; les plus belles, les plus fières spéculations de l'orgueil sont, de tous les tems après des agitations plus ou moins longues et cruelles, venues se briser contre la nécessité, qui dès l'origine du monde, a toujours entraîné en définitif et les mêmes résultats et l'entier anéantissement des peuples.

Plus ils avoient été fiers et hautains, plus l'orgueil dans leur plus haute prospérité leur a coûté de carnage et de sang; plus la chute qui a précédé leur ruine absolue a été flétrissante pour eux, plus elle a été marquée par tous les excès, par toutes les horreurs de la plus outrageante tyrannie. La fierté romaine devenue la lâche adulatrice des Néron, des Commode, des Caligula ; voilà à quoi doivent s'attendre tous les peuples corrompus qui ne peuvent trouver que dans leur corruption même, les motifs de leur jactance insensée.

L'orgueil a toujours été et sera toujours l'unique cause de tous les malheurs du monde. Certainement si Rome fût restée attachée aux institutions sages et pacifiques de Numa, elle ne fut pas devenue la maîtresse du monde ; mais aussi en ne proscrivant pas la royauté pour les crimes de l'usurpateur Tarquin, la fierté romaine après avoir été, durant tant de siècles, l'unique cause de ses grands malheurs et de tous les malheurs du monde, avec une existence infiniment moins bruyante et moins féroce; elle eût joui d'un bonheur plus réel et plus durable, et n'eut pas fini au comble de sa prétendue gloire par être la proie d'une suite de monstres auxquels la providence paroît ne l'avoir livrée que pour venger l'univers entier de la haîne implacable qu'elle avoit vouée aux rois, et de tout le sang dont cette fureur effrénée l'avoit portée à souiller la terre durant tant de siècles.

C'est ainsi que l'histoire du monde est tout à l'avantage du gouvernement d'un seul, de la royauté. Car il ne faut pas perdre de vue que c'est à ces féroces amans de la liberté républicaine que nous ramène uniquement l'histoire de tous les peuples anciens. Mais la partialité des historiens y est si visible, qu'on ne peut les en croire ni sur la manière avantageuse dont ils écrivent en faveur de leur opinion favorite, ni sur les fausses couleurs dont ils peignent toujours par le mauvais côté le gouvernement d'un seul, et cependant, pour peu que la sévérité d'une impartialité éclairée porte son flambeau dans les histoires que nous avons d'eux, certainement l'on y trouvera des résultats diamétralement opposés à ceux dont l'écrivain de Prudhomme vient d'offrir à la France et à l'Europe épouvantée, l'effroyable ensemble.

Certainement rien de ce qui n'est qu'humain n'est parfait; mais à-coup sur, un ordre de choses où un seul scélérat audacieux et adroit peut se souiller de tous les crimes, dc manière à les faire passer pour des vertus, et à mériter l'apothéose de la par de ce même peuple, à la crédulité duquel il en a si cruellement imposé, assurément un pareil ordre de choses est le pire de tous. Or, tel est le gouvernement de plusieurs sous telle forme que ce soit, soit que les dignités soient héréditaires, électives ou vénales; car, sous le gouvernement de plusieurs, aucune responsabilté n'est possible; un scélérat adroit y peut tout oser impunément. Si un pareil peuple n'est pas corrompu, c'est une nécessité qu'il se corrompe, s'il est déja corrompu, c'est une nécessité qu'il se corrompe toujours d'avantage. Un pareil peuple n'est plus qu'une pepinière de scélérats qui se rendent maîtres de tout ; la stupeur se saisit de tous les gens de bien, infiniment moins entreprenans qu'eux. N'eût-il rien à craindre du dehors, c'est une nécessité qu'il succombe sous une aussi monstrueuse tyrannie.

Sous le gouvernement d'un seul, au contraire, que l'opinion publique a toujours investi d'un profond respect, que dans tous tems elle s'est imposée l'obligation de regarder comme inviolable, parce qu'il a fallu se persuader qu'il ne pouvoit pas errer, quoiqu'il soit certain que n'étant pas d'une nature supérieure aux autres hommes, il est sujet aux mêmes passions, aux mêmes erreurs. Cette grande prérogative uniquement attachée à sa seule personne, l'élève en effet au-dessus de tous ses semblables, lui impose la sévère obligation de s'en rendre digne ; il sait que tous les yeux sont fixés sur lui, il n'ignore pas que ses moindres petits écarts peuvent êtres exagérés, et qu'il ne peut y avoir de bonheur et de sûreté pour lui qu'autant qu'il assure le bonheur et la sûreté de ceux qu'il est chargé de gouverner.

Tel est l'effet nécessaire du gouvernement d'un seul, chez un peuple vertueux. Le magistrat suprême et perpétuel d'un tel peuple, fut-il né avec tous les vices, c'est une sorte de nécessité qu'il soit continuellement occupé du soin de les réprimer, en sorte que s'il n'y réussi pas toujours, du moins l'effet en est-il tellement modifié, qu'il n'est pas possible que l'état soit exposé à des commotions assez violentes pour le renverser.

Mais quand la magistrature suprême et perpétuelle est encore héréditaire, c'est alors une double sûreté de plus; car outre que l'intérêt de chacun des individus régnans, est toujours le même, il est en outre aussi possible que dans une même dinastie, une longue succession d'individus, soient tous vicieux, qu'il est impossible que tous soient parfaits. Or, si ceux-même qui sont vicieux, ne peuvent pas renverser l'état, et peuvent même par la nécessité où ils sont de se contenir, se rendre réellement recommandables, combien à plus forte raison les princes, qui, sans être doués de grandes et excellentes qualités, n'en ont du moins point de mauvaise? Combien à plus forte raison les bons princes ? dont chacun suffit pour réparer les écarts et les malheurs de plusieurs règnes, avantages qu'on n'a pas sous le gouvernement de plusieurs, même quand le peuple est vertueux ; car il suffit d'un seul scélérat adroit, pour tout corrompre et tout pervertir. Or, quel peuple à jamais été assez vertueux pour pouvoir se flatter de ne voir jamais produire un pareil monstre donc, etc.

Qu'on ne vienne pas nous dire que c'est présenter l'histoire des rois en beau, et ne présenter celle des prétendus peuples libres que par le mauvais côté. Certainement les résultats que nous présentons sous ce double rapport, sont l'analise fidèle de l'histoire ; qu'on compulse tant qu'on voudra les fastes du genre humain, avec le même amour pour la vérité, avec la même impartialité que nous, l'on y trouvera rien autre chose.

Nous n'ignorons pas qu'il y a eu des tyrans dans tous les âges ; mais qu'on y prenne bien garde, çà presque toujours été chez les peuples prétendus libres, que la succession de ces monstres a eu sous diverses

diverses formes et dénominations, le plus de suite ; au lieu qu'on n'a jamais vu et qu'on ne verra jamais une succession héréditaire de rois tyrans ; la raison en est très-simple, c'est que les rois héréditaires ont intérêt à conserver leur autorité légitime ; au lieu que l'autorité précaire des tyrans populaires, ne peut durer qu'autant que le prestige auquel ils en sont redevables, qu'autant que la force, que ce prestige seul a mis dans leurs mains ; or ce prestige ne peut-être qu'un mal passager chez un peuple vertueux ; mais il ne manque jamais de scélérats adroits pour le perpétuer chez un peuple corrompu, en sorte que s'il en est réduit là, et qu'il veuille conserver l'espoir de prolonger son existence, il ne lui reste plus d'autre ressources que de se jeter dans les bras de la royauté héréditaire. C'est ce que vient de faire la Pologne ; c'est ce que devroit faire la France, dans la déplorable situation où elle se trouve, quand même, cette forme de gouvernement lui auroit toujours été étrangère.

Combien ne le doit pas elle d'avantage, puisque non seulement elle ne lui est pas étrangère, mais qu'elle lui a assuré 14 siècles de stabilité et de gloire à travers toutes les vicissitudes humaines jusqu'en 1789, et que d'après les principes que nous venons de puiser tant dans la sagesse que dans l'impéritie de tous les peuples et de tous les siècles, une seule génération n'étant pas plus une nation, un corps politique, ou un état, qu'un seul individu n'est cette génération, il est certain que c'étoit pour nos contemporains un devoir sacré de transmettre plutôt cette forme, avec toutes les institutions dont elle se trouvoit étayée, à la postérité, que de courrir la chance terrible de leur substituer aussi brusquement celle de toutes les innovations auxquelles la religion, les mœurs, le génie, le caractère du peuple Français, permettent le moins de croire qu'il puisse jamais se plier.

Combien à plus forte raison, la nation Française ne le doit-elle pas, puisque ces innovations téméraires, loin de pouvoir être attribuées ni à elle, ni même à la génération actuelle, ne peuvent au contraire être rapportées qu'à l'audacieuse scélératesse d'un seul homme rejeté avec indignation par son ordre, qui n'a pas craint pour se venger de cet affront si long-tems justifié d'avance par l'immoralité de sa conduite, de prostituer ses dangereux talens, pour détruire cet ordre et pour tout boulleverser dans sa malheureuse patrie.

Oui, c'est à cet homme profondément corrompu et tout fier de trouver une masse d'hommes, préparée de longue main par l'audace de l'impiété, à ne rien respecter de tout ce qui avoit été le plus sacré pour nos pères ; c'est cet homme repoussé par son ordre, et accueilli par le tiers état, à l'aide des lâches intrigues de l'audacieuse suffisance, et même des violences les plus coupables, qui, enhardissant par son éloquence infernale tous les forcenés subalternes, a sçu faire passer dans leurs ames, la rage dont il étoit animé, et qui n'a laissé subsister aucune des institutions dont la très-grande majorité des cahiers avoit imposé à l'ensemhle des députés aux états généraux, l'obligation de conserver le dépôt sacré, en se bornant à les purger de l'alliage impur que l'effet inévitable du tems et une trop longue apathie y avoit introduit.

Nous n'avançons rien en tout ceci, qui ne soit notoire à tout le monde, rien qui puisse être nié par qui que ce soit, à moins de faire publiquement profession d'impudence et de mauvaise foi.

Il faut donc opter entre un retour franc et loyal à nos antiques institutions et le nouveau régime.

Entre les institutions qui ont fait autant que la nature humaine le comporte, le bonheur, la prospérité, et la gloire de la nation Française, depuis 14 siècles.

Ou de téméraires et extravagantes innovations, que la nation n'avoit pas commandées, qui n'ont pu être proposées que dans des momens de fermentation et d'effervescence, qui n'ont pu passer que par l'effroi des massacres, et à la lueur des incendies. En un mot, que l'enfer seul a été capable de vomir sur cette terre malheureuse, puisque le bien qu'elles semblent pouvoir produire sous quelques rapports est tout à fait illusoire, et qu'elles sont au contraire des sources fécondes de tous les vices, de tous les malheurs et de tous les crimes.

Balancer entre ces institutions antiques

qui jusqu'en 1789, avoient résisté à tant et de si cruelles sécousses; et les brusques innovations qu'on a cru pouvoir lui substituer qui ont été précédées, accompagnées et suivies de tant d'horreurs; que nous avons prouvé dans notre quatrième brochure, porter essentiellement en elles, toutes les causes de destruction, ce seroit mettre sur une seule et même ligne, le bien et le mal, le juste et l'injuste, nos trois dernières années de déchirement et d'anarchie, avec les 14 siècles de stabilité qui les ont précédés, ce seroit sacrifier la génération présente et notre possérité à l'espoir insensé de consolider l'ouvrage de l'audacieuse et parricide témérité de ces Erostrates perfides; qui au fond, ne croient point à cette consolidation et ne visent en effet qu'à l'anarchie, en sorte qu'il n'y a que ceux qui partagent leur monstrueuse frénésie, qui puissent encore tant soit peu hésiter entre le retour franc et loyal à nos anciennes institutions, et le nouveau régime. L'on peut et l'on doit donc réclamer l'ancien avec toute la fermeté que l'ascendant irrestible de la raison et de la justice, doivent si naturellement donner dans une cause à la fois si neuve et si intéressante pour le salut d'un grand peuple.

Et ce n'est pas seulement au nom de la saine partie de la nation actuellement existante, la plus nombreuse sans doute, mais devenue la plus foible sous la tyrannie de la force qui a prévalu sur elle ; c'est encore en celui de la postérité pupille, respectable et sacrée, que notre âge n'avoit pas le droit de dépouiller des institutions qui nous ont été transmises si fidèlement par nos ancêtres, que nous venons aujourd'hui réclamer au nom de la religion, de la patrie et de l'humanité contre toutes les atteintes qui leur ont été portées dans ces trois ans de fermentation et d'effervescence.

Ce n'est certainement pas au roi que cette excessive fermentation peut-être attribuée, ce n'est qu'aux factieux, ce n'est qu'aux écrivains incendiaires et régicides, qu'ils se sont crées, et qu'ils prônent comme d'excellens patriotes, qu'on doit s'en prendre.

Le roi a-t-il jamais pu mériter d'être en butte aux traits parricides de ces lâches et détestables écrivains. C'est ce qu'il convient d'examiner avec quelque étendue.

Sans doute que les peuples ne sont pas pour les rois, et que c'est les rois qui sont pour les peuples. Mais aussi les obligations des peuples et des rois sont essentiellement réciproques et corélatives. Car s'il n'y avoit que les rois qui fussent attachés aux peuples et que les peuples ne le fussent pas aux rois, il se trouveroit que les rois se devroient tout entiers aux peuples qui ne leur devroient rien ; toutes les prétentions seroient du côté des peuples et il n'y auroit aucune sauve-garde pour les rois. Un roi ne seroit au fond qu'un individu couronné en butte à toutes les passions de la multitude ; l'exercice de l'autorité royale n'auroit à lui présenter, en échange de ses sollicitudes et de ses peines, que les traverses et l'effroi, sans que l'instabilité de son sort pût lui permettre d'y trouver aucune douceur. Il n'y a certes point de si misérable forçat qui pût consentir à être roi à d'aussi dures conditions. Absurdité revoltante, que le sens commun le plus ordinaire répousse avec indignation, qui ne peut que jetter un profond sentiment d'horreur dans toute ame bien née et qui est par conséquent absolument insoutenable. Car c'est d'un roi circonscrit dans les bornes de son autorité légitime par les loix fondamentales de l'état, qu'on voit bien que nous voulons parler.

D'où il faut conclure qu'il est très-vrai que le peuple n'a pas plus le droit de manquer de fidélité, de soummission et de respect à son roi, que le roi n'a celui de gouverner despotiquement son peuple.

C'est ce que savent bien, et ce que dissimulent pourtant les lâches écrivains qui se prévalent des longs malheurs que plus de deux siècles d'incurie et d'engourdissement de la part de la nation ont accumulé tant sur elle-même que sur la tête du meilleur, du plus juste et du plus infortuné des rois. Ils affectent au contraire de croire et de crier de tout ce qu'ils ont de voix, qu'on ne doit plus voir dans un roi qu'un individu toujours bouffi d'orgueil, ivre de pouvoir, uniquement esclave de toutes ses passions et capable seulement de tous les excès, de toutes les horre et de tous les crimes.... Dans leur hypothèse, en un mot, les rois ne sont rien autre, pour nous servir de leur propre expression, que des *monstres couronnés*. Le moyen au reste que le portrait qu'ils en font ne soit pas hideux, ils le font à leur image. Ne s'en rapporter qu'à eux sur ce point de politique comme sur tout autre, et ne prendre des leçons de probité et de désintéressement que dans la seule histoire de Cartouche, ce seroit également bien rencontrer. Est-il fort étonnant que la criminelle chaleur avec laquelle ils ont propagé les régicides conséqences que présentoient d'aussi fausses notions, ait eu les funestes suites qui jettent en ce moment l'épouvante et l'effroi dans toutes les ames humaines et sensibles?

Il n'étoit pas nécessaire, sans doute, que les esprits fussent déjà parvenus à cet excès de vertige à l'instant de la réunion des états-généraux, pour inspirer de la crainte au roi, moment à jamais mémorable et fortuné, tant pour la nation que pour le monarque; mais moment trop court, qui a été immédiatement suivi de trop justes inquiétudes sur le déclin et même sur la ruine de son autorité. Oui, le roi a effectivement dû craindre qu'on ne confondît l'abus qu'en avoient fait des ministres trop personnels, avec le bon effet qu'on pouvoit se promettre de cette même autorité affranchie de ses abus, au moyen de la responsabilité ministérielle.

Allons maintenant au-devant d'une question qui, quoique très-inconsiderée, mérite qu'on la prévienne. Le roi avoit-il le droit d'avoir des craintes sur le fait de son autorité; de prendre des mesures pour la maintenir? Si c'est de son autorité, dans le sens de ceux qui la regardoient comme arbitraire, nous répondons nettement que non; mais, si c'est de cette autorité circonscrite dans les justes bornes où elles puissent suffire pour assurer efficacement tous les mouvemens de l'ordre public, pour garantir la sûreté des personnes et celle des propriétés, si c'est en un mot de l'autorité légitime, et non pas arbitraire du roi qu'on veut parler; notre réponse est de même toute prête, et la voici.

L'autorité légitime du roi est encore plus le bien de la nation que le sien propre. C'est un dépôt sacré qu'il tient d'elle, encore plus de la nation que de ses ancêtres, et dont il est par conséquent encore plus comptable à notre postérité qu'à ses descendans. D'ou nous concluons qu'il n'est rien de ce qu'il a pu croire nécessaire pour la conserver qui n'eut dû lui concilier la tendre et respectueuse vénération de tous les français.

Ici nous entendons d'odieux soupçons, mais ce n'est pas les intentions que l'intègre et sévère impartialité se permet de juger lorsqu'il y a des faits notoires et décisifs de part et d'autres.

Sans doute que c'est l'excès de nos maux qui en a fait désirer le remède, et qu'on a cru ne pouvoir trouver ce remède que dans la tenue des états généraux. Mais ira-t-on en conclure que le roi étoit forcé de les convoquer? Ce seroit bien là une logique d'ingrats, mais ce ne seroit celle, ni de la vérité, ni de la bonne foi; car l'autorité royale avoit encore alors, prèsque toutes ses ressources. Et s'il eût été vrai que le roi, que la cour elle-même, toute corompue, qu'on ait pu la supposer, n'eussent pas réellement désiré, nous nous garderons bien de dire une subversion aussi complette que celle dont nous sommes les tristes témoins, mais un meilleur ordre de choses et tous les changemens avantageux qui eussent pu se concilier avec la stabilité de l'empire; si, disons nous, le roi pouvant encore disposer de toutes lès forces de l'état, eut voulu faire un coup d'autorité, aulieu d'envoyer des lettres de convocation; si ce coup d'autorité eût été tel qu'il eut déclaré l'état libre des engagemens, que son amour pour la justice l'avoit obligé de contracter au commencement de son règne, et qu'il eût soutenu ce coup d'autorité avec toute la vigueur, qu'il étoit le maître d'y mettre. Assurément le roi seroit encore sur le trône, il ne seroit pas captif; l'on ne feroit pas, au sujet de sa captivité, des reproches aussi graves à la constitution que ceux qu'elle a encourrus, et elle ne seroit pas aussi cruellement en contradiction avec elle-même.

Il est donc évident que le roi est allé librement au devant de tous les sacrifices qui pouvoient être utiles à la régénération de l'ordre public; mais aussi il vient d'être prouvé que ce n'étoit pas celui de son autorité légitime qu'il pouvoit faire ou qu'on pouvoit exiger de lui.

Qu'on juge à présent par la série des faits notoires qui ont concouru à l'avilissement du moins momentané de cette autorité tutélaire, si c'est du côté du roi que sont les torts ; qu'on juge l'ensemble de ces faits, d'après la réciprocité corelative des devoirs qui lient les peuples aux rois aussi étroitement que les rois à leurs peuples ; qu'aulieu de dénaturer ces faits, on les voie de part et d'autre tels qu'ils sont ; qu'on porte, parconséquent dans ce jugement la sévère impartialité que cette cause réclame pour le salut public, et qu'on décide ensuite à qui de la nation ou du roi, il convient le mieux d'avoir la magnanimité de recourir à la clémence de l'autre.

Nous disons que le salut public réclame pour ce jugement la plus sévère impartialité. Car, quoiqu'il plaise aux détracteurs de la royauté d'en dire à coup sur ce n'est pas à eux qu'il faut s'en rapporter pour savoir si elle doit être maintenue ou proscrite. Il y a d'autres règles pour en juger que celles qu'il leur plaît de nous prescrire de la profondeur du volcan, d'où ils ne nous vomissent que des laves enflâmées.

Les entousiates du républicanisme ne voyent de liberté que dans l'opinion qu'il leur a plu de se former d'une république, c'est qu'ils ne connoissent, ni le cœur humain, ni ce que c'est qu'une république, ni ce que c'est que liberté ; et que la spéculation et la pratique des gouvernemens ne sont au fonds pour eux qu'une seule et même chose, quoique si diverses entre elles.

Et d'abord rien de plus vague que la liberté, d'après les diverses définitions qu'ils en donnent ; aussi est-ce dans l'essence même des choses et non pas chez eux que nous allons chercher ce qu'elle est.

La liberté de l'homme naturel, du sauvage est bientôt définie ; c'est de faire, non pas ce qu'il veut, mais tout ce qu'il lui plaît, pourvû qu'il le puisse,

Mais aussi l'homme de le nature, n'a d'appui que dans ses forces individuelles, il est seul contre les élémens, contre tous animaux, contre tous ses semblables. Tout ce qui l'environne est ligué contre lui, c'est-à-dire que l'homme de la nature n'est qu'un être de raison, et que l'homme est fait pour vivre en société comme l'oiseau pour voler. Or l'homme social n'a et ne peut point avoir de liberté qu'autant qu'elle peut être utile, et qu'elle ne peut pas nuire à ses semblables et à la chose publique,

Par exemple, il est certain que le vertueux Sacy etoit plus libre sous les véroux de la Bastille, que Louis XIV, qui, tout absolu, tout indépendant qu'il fût en apparence (ce qui est quelque chose de plus que ce qu'on entend par être libre) oui Sacy étoit plus libre à la Bastille, que Louis XIV sur le trône, puisque ce monarque n'avoit pas eu la liberté d'épargner à son autorité une injustice aussi éclatante.

Ce n'est donc pas tant dans l'entière faculté d'aller ou de venir, et de faire tout ce qui est possible, que dans celle de ne vouloir et de ne faire en effet que ce qui est en soi bon, raisonnable et juste, et de ne pouvoir rien faire de tout ce qui est opposé à la raison et à la justice, que consiste la véritable liberté. Aussi est-ce un axiôme généralement reçu, que *ce n'est que par le cœur qu'on est homme.*

Plus un homme est libre en ce sens, le

seul qui puisse être avoué par la droite raison, plus il est esclave de la justice. Ce qui suppose, comme on le voit une force d'âme qui n'est incompatible avec aucune forme de gouvernement, mais aussi qui ne peut plus être fort commune chez des nations vieillies et dégénérées comme les notres, mêmes celles qui vivent sous des formes républicaines. Aussi Jean-Jacques Rousseau n'a-t-il pas cru qu'elles pussent encore en être dignes ; aussi l'Angleterre, ainsi que la Suisse qu'il nous plaît de regarder comme en partie asservies, auront-elles le bon esprit de préférer leur vieille liberté, telle qu'elle est, aux orages qu'ont produit dans notre sein, les exagérations de celle que nous nous flattons d'avoir conquise.

Maintenant, pour peu qu'on ait de connoissance du cœur humain, et qu'on se donne la peine d'examiner les diverses formes de gouvernement d'après les connoissances qu'on peut se procurer des hommes tels qu'ils sont, au lieu de les supposer, comme nos philosophes, tout à fait gratuitement tels qu'ils devroient être, l'on en concluera que l'homme étant au fond

le

le même, sous toutes les formes, les lois n'ayant de prise que sur ses actions connues, et nulle sorte de régime politique ne pouvant régler son esprit et son cœur, il n'est point de si sage constitution qui ne doive échouer dans la pratique contre la tyrannie des passions, contre la corruption des mœurs ; ensorte que si la politique n'a rien de supérieur à elle qui puisse à cet égard suppléer la parfaite impuissance des institutions humaines, c'est alors une nécessité que le débordement des mœurs mauvaises, et tous les excès, tous les crimes qui s'en suivent, entraînent après une agonie plus ou moins longue et douloureuse, la ruine entière de l'Etat.

Cependant alors même les formes de gouvernement les moins compliquées, étant celles où il est le plus aisé d'étudier, de surveiller, et parconséquent de régler et de réprimer les mouvemens des passions, il est clair que si les nations corrompues sont encore capables de régénération, la simplicité du gouvernement monarchique où tout aboutit à un centre commun, et où tous les moyens d'exécution doivent partir de cette unique centre, il est, disons, nous, fort clair que cette forme doit avoir beaucoup d'avantage sur celles qui étalent avec le plus de présomption des balances imaginaires de pouvoirs qui s'entrechoquent sans cesse pour ne pencher en effet que du côté où il y a le plus d'or, de force ou d'astuce.

En un mot, rien de ce qui n'est qu'humain n'est parfait, et toutes les formes de gouvernement sont sujettes à plus ou moins d'inconvéniens, non seulement en raison du mode, mais encore eu égard aux localités, aux mœurs, aux hommes et aux circonstances, parce que c'est toujours des hommes qui ont à gouverner des hommes. Mais en interrogeant l'expérience des siécles, sur-tout à l'occasion des peuples sur lesquels l'histoire est restée muette, en ne nous transmettant que leur nom (ce qui est assurément un préjugé très-favorable pour eux) il résulteroit certainement d'un examen approfondi sous ce rapport, que la monarchie héréditaire, bien constituée, est la moins imparfaite de toutes les formes de gouvernement.

C'est qu'un roi, et un roi héréditaire sur-tout, n'a point et ne peut avoir d'autre intérêt que celui de son peuple, dont le bonheur est le plus solide fondement de la stabilité du trône.

Or quel roi s'est jamais montré à cet égard plus digne de celui qu'il occupe en ce moment avec tant d'amertume que Louis XVI? En preuve qu'il avoit pressenti les dangers auxquels la fermentation des esprits pouvoit l'exposer; c'est lui-même qu'il faut entendre dans son discours d'ouverture aux états-généraux, monument éternel de son amour pour la justice et pour le bonheur du peuple. *Une inquiétude générale*, disoit-il, immédiatement après l'expositif simple et ingénu autant que majestueux de ce discours, *une inquiétude générale, un désir immodéré d'innovations, se sont emparé des esprits et finiroient por égarer les opinions, si l'on ne se hâtoit de les fixer par une réunion d'avis sages et modérés*. suivoient les plus touchantes insinuations pour engager les états-généraux à préférer ces avis sages et modérés, à une aussi dangéreuse inquiétude, et enfin il continuoit de parler comme il devoit, en roi. *Je connois l'autorité et la puissance d'un roi juste au milieu d'un peuple fidèle et attaché de tout tems aux principes de la monarchie, ils ont fait la gloire et l'éclat de la France, je dois en être le soutien et je le serai constamment.* Enfin, pour ôter tout prétexte à ceux qui auroient pu former le dessein de travestir ce langage d'un bon roi en celui d'un despote, il ajoute sur le champ; *mais tout ce qu'on peut attendre du plus tendre intérêt au bonheur public, tout ce qu'on peut demander à un souverain, le premier ami de ses peuples, vous pouvez, vous devez l'espérer de mes sentimens.* Nous savons bien qu'il est une logique infernale qui peut dans chacun de ces mots trouver autant de crimes. Mais c'est un art que nous abhorrons, parce qu'il n'est pas en notre pouvoir de ne voir dans le représentant héréditaire et permanent d'une grande nation, qu'un esclave passivement asservi à ses volontés; ce qui fait que nous n'y trouvons d'autres caractères que ceux de l'autorité paternelle; aussi nous faisons nous gloire d'annoncer que ces paroles touchantes ont été droit à notre cœur, qu'elles y ont laissé une impression profonde qui ne s'effacera jamais, et nous aimons à croire, qu'elles auront produit le même effet, non seulement sur-tout les bons Français, mais encore sur tous ceux qui ne sont qu'égarés et qui auront été capables de rentrer sérieusement et de bonne foi en eux-mêmes, et de se rappeller par quelle série de licence, d'outrages et de forfaits, les plus perfides ennemis du peuple, sont parvenus à lui rendre odieuse la personne du meilleur et du plus juste des rois, dans l'unique vue de se partager les dépouilles de l'autorité d'un monarque qui ne peut avoir de plus grand intérêt que celui de nous rendre tous heureux (1).

---

(1) Voici dans une lettre de Mirabeau du 26 Mars 1789, écrite au comte d'Antraigues, et citée par lui dans son adresse à la noblesse, page 45, contre ceux qui pourroient nous croire trop tranchant.

« Je suis loin de confondre l'autorité souveraine avec les excès de ses ministres. Le roi ne participe et ne peut participer à aucune faute, *le roi est l'état*, il ne peut jamais avoir aucun intérêt contraire à la nation, et dans ses vertus et dans ses projets, réside l'espoir de la France; il n'y a qu'un sot ou

Il y a loin sans doute de cette doctrine à la doctrine infernale des écrivains audacieux, qui prétendent *de lenr certaine science*, faire un crime au roi d'avoir fait quelques tentatives pour soustraire son autorité, sa personne, sa famille aux dangers imminens dont leur régicide insolence menaçoit à la foi son peuple et lui. C'est cette détestable influence qu'il est question de détruire, autrement, plus de monarchie, plus d'état, en voici la preuve.

L'usage constant et invariable de tous les peuples, cette loi suprême d'un état monarchique, aussi bien que de toutes les formes de gouvernement, exigeoit qu'on environnât le roi de toute la majesté nationale; qu'elle l'enveloppât comme un manteau, pour le mettre hors d'atteinte de tous les traits qui pouvoient être à redouter pour lui, de la licence d'un peuple armé; autrement c'eût été le mettre à l'en-

---

un factieux, qui ignore ou qui nie ces choses-là ». L'on voit que cette note appartient à ce que nous allons dire de l'inviolabilité, aussi bien qu'à cet endroit ci.

tière discrétion d'un petit nombre de frénétiques qui pouvoient avoir l'art perfide d'abuser de la crédulité, de la multitude, en flattant ses passions pour subvertir entièrement la monarchie et renverser l'empire françois, qui, en raison de son étendue et de son immense population aussi bien que par son attachement à cette forme de gouvernement, ne peut point en adopter d'autre. En un mot, c'eût été s'exposer à n'avoir de roi qu'autant qu'il eût plu aux ennemis, soit secrets ou publics du roi et de la monarchie de le trouver bon.

C'est d'après de si fortes, et de si pressantes considérations, que l'assemblée constituante n'a pas pu se dispenser de faire de l'inviolabilité du roi, l'une des bases fondamentales de la nouvelle constitution; car, sans cette inviolabilité, point de roi, sans roi, point de monarchie, et sans monarchie, plus d'empire Français.

Maintenant oseroit-on dire que l'inviolabilité du roi ait été respectée? Nous repliquons nous à cet égard. La majesté nationale, ou en effet celle de la nation, peut-elle briller avec plus d'utilité et d'éclat que dans la personne du monarque? Eh! qui oseroit dire que le représentant héréditaire et permanent d'une grande nation, peut sans inconvénient, rester ravalé au même dégré de nullité que le prête-nom d'une compagnie de finances? et cependant jamais ceux de la ferme générale ont ils été aussi asservis, aussi cruellement outragés, aussi insolemment menacés que Louis XVI? Les faits sont indestructibles, ils démentiroient une aussi impudente fausseté.

La constitution a donc été violée; mais par qui? Par l'assemblée constituante elle-même, lorsqu'elle a fait arrêter le roi et s'est fait un jeu cruel de le faire ramener comme un criminel escorté par des sujets révoltés, exposé durant plusieurs jours à toutes les avanies, à toutes les humiliations, jusqu'à ce qu'il fut plus étroitement resserré dans le palais qui lui servoit de prison depuis le 6 Octobre 1789; enfin suspendu des fonctions, que dans son audace elle avoit jugé convenable de leur laisser, et qu'elle a usurpé et retenu jusqu'au moment de l'acceptation de l'acte constitutionnel; acceptation d'autant moins libre, que le décret de suspension n'étoit pas même levé à ce moment décisif, et que l'acte constitutionnel comprenoit des articles de déchéance non moins contraires à la liberté de l'acceptation de cet acte qu'incompatible avec l'inviolabilité constitutionnelle dont il l'investissoit.

Maintenant oseroit-t-on dire que l'inviolabilité du roi ait été respectée.

Un roi prisonnier suspendu de ses fonctions qui accepte librement une constitution, qui, tout en le déclarant inviolable, le déclare en même tems déchu, s'il ne l'accepte pas, si, etc. si etc. si etc. assurément il étoit réservé à la monstrueuse philosophie de notre âge, de créer tout à coup sous le titre imposant de constitution, un alliage aussi hideux de deux sortes de formes politiques aussi diamétralement opposées entr'elles. Aussi est-il hors de doute que les républicomanes jacobins qui ont ont alors fait scission avec nos prétendus constituans, ne fussent du moins conséquens aux principes qui leur avoient d'abord été communs, au lieu que le résultat définitif, auquel il leur a plû de donner le nom de constitution, n'est plus après cela qu'un incohérente extravagance, bonne seulement à fournir contre elle aux ennemis de la monarchie, des armes pour la détruire, et nous précipiter ainsi dans toutes les horreurs de l'anarchie.

Ces décrets de déchéance tels qu'ils ont été constitutionellement décretés et acceptés par Louis XVI, devenu tout à coup libre, parce qu'on avoit éloigné ses gardes des pieds de son lit, sont au reste tels qu'en fouillant dans la classe des possibles, l'on eût pu y en ajouter beaucoup d'autres tout aussi spécieux que ceux-là, et dont nos prétendus constituans ont sans doute cru lui faire grace. Mais tels qu'ils sont, ils n'en sont pas moins destructifs de l'inviolabilité du roi, et parconséquent de la monarchie, ils ne le sont pas moins de la constitution elle-même, assez mal digérée pour contenir des dispositions aussi évidemment contradictoires.

Ces dispositions astucieuses ne sont pas moins contraires aux principes du droit politique que subversives de la monarchie Française et de la constitution elle-même; elles sont donc non moins subversives de tout ordre public, qu'indignes de nôtre antique loyauté.

La seule idée de la déchéance du monarque héréditaire des Français, est incompatible avec le retour à cette confiance mutuelle qui doit régner entre lui et la nation ; la nouvelle constitution n'eût-elle que ce seul vice, il suffiroit pour la détruire ou pour détruire par elle la malheureuse nation qui auroit la lâche impudence de vouloir lui rester attachée.

Ce n'est pas avoir trop dit, car le roi n'est qu'un, et l'on fait tant sonner à nos oreilles, que nous sommes vingt-cinq millions d'hommes. Certes il n'y à donc que notre modération et son inviolabilité qui puisse assurer à la fois le salut de la nation et le sien et nous ne savons pas trop s'il n'y auroit pas encore plus de lâcheté que d'injustice et de danger de notre part de persister à nous prévaloir d'une aussi excessive disproportion, pour laisser subsister une constitution, qui ne s'étayant que de la force toute seule, à eu la témérité d'imaginer tout à fait gratuitement des cas ou le chef suprême héréditaire et permanent de la nation, seroit sous le glaive de la loi en même tems que la force irrésistible de la vérité, lui avoit fait déclarer qu'il est au-dessus de toutes les loix, par l'inviolabilité dont elle l'investissoit.

Eh ! depuis quand un roi a-t-il pu être légitimement asservi, outragé en tant de manière par le peuple, qu'il étoit chargé de rendre heureux, dans les momens mêmes où il remplissoit autant qu'il étoit en lui, et que les circonstances avoient pu le lui permettre ce devoir sacré ? Depuis quand le désir si naturel de se soustraire à un asservissement aussi anti-constitutionel, aussi révoltant, a-t-il pu être transformé en crime ? Depuis quand la réalisation d'un pareil dessein a-t'elle pu passer pour le résultat d'un complot?

Ce n'est cependant qu'à d'aussi funestes dispositions, que peuvent être rapportée la haine aveugle et féroce qui semble suivre par-tout les braves gardes du corps, dont tout le crime est d'avoir montré pour la conservation de la personne sacrée du roi et de son auguste famille, l'attachement à la fois le plus pur et le plus éclairé, avec un courage purement passif, dont l'histoire n'offre que bien peu et peut-être aucun autre exemple ; puisqu'ils se sont laissé massacrer à leur poste, où ont pris la fuite, plutôt que de répandre du sang. O mes chers concitoyens ne les voyez plus que comme les a vu l'Europe entière, et du même œil que les verra la postèrité ! Sans eux hélas ! vous n'auriez plus que d'inutiles gémissemens à donner au plus exécrable des forfaits, et la férocité de l'opinion dominante, eut forcé la sévère impartialité de l'histoire de vous l'imputer. A ce seul trait de la révolution, ne seroit-on pas en effet tenté de croire que le nouvel ordre de chose, d'après les sinistres iuterprétations de nos énergumènes novateurs, n'est rien autre qu'une ligue forcenée de tous les français, contre la personne sacrée du roi, et contre tout ce qui est attaché à la majesté royale.

Cependant, même d'après la constitution, c'étoit au nom du roi que tout devoit s'exécuter dans toute l'étendue de l'empire, après tant d'asservissemens, d'outrages et de menaces contre lui et contre tout ce qui lui est le plus cher ; est-il dont fort surprenant que l'inexécution des lois ait produit sur chacun des points de la surface du royaume, tant d'insurrections, de massacres et de brigandages ! Comment de bonne foi, une multitude égarée, à laquelle de forcenés écrivains, interprétateurs effrenés d'une pareille constitution, apprenent toutes les semaines, tous les jours à fouler insolemment aux pieds la majesté royale, jusqu'alors si justement révérée; la majesté royale, qui au fond, n'est autre que celle du peuple lui-même? Comment encore une fois, pourroit-il encore croire après cela qu'il reste quelque chose au monde, qu'il soit obligé de respecter? Est-ce donc lorsque le peuple ne respecte plus rien qu'une société peut se maintenir et subsister, à moins donc que l'autorité royale ne soit pleinement réintégrée dans toute sa force et sa dignité. C'est une nécessité que l'agonie convulsive où nous sommes, finisse par l'anarchie et la dissolution.

Réclamer pour l'autorité royale, la force et la dignité qui lui sont indispensables, est-ce donc demander que les droits de la nation lui soient sacrifiés, non-assûrément; car, loin d'être incompatibles avec ces droits sacrés et indélébiles, cette autotorité tutélaire en est au contraire l'unique garant, non pas à la vérité aux yeux de cette suffisance sophistque qui érige comme il lui plait en vérités, incontestables, les plus pernicieuses faussetés, et forte seulement de son audace et de la crédulité de la multitude, croit s'être pour jamais emparée d'elle. Mais aussi les funestes extrémités où elle nous a conduits, l'auront démasquée aux yeux du bon peuple français. Notre affreuse situation lui aura dessillé les yeux, et il y a tout lieu d'espérer que l'autorité tutélaire du roi va devenir d'un consentement unanime la sauve-garde de nos libertés et le salut de la France. Ici viennent se replacer des vérités qui ne sauroient être trop répétées.

Non, encore une fois, le monarque héréditaire des français n'a point d'autre intérêt que celui de la grande famille, dont son intérêt même, veut qu'il se regarde comme le père; en sorte qu'il n'y a de mauvais rois que parce que tous les pères ne sont pas bons. Nos écrivains licentieux l'ont bien senti; car il ne tient pas à eux qu'ils n'ayent dès à présent avili et rendu odieuse l'autorité paternelle du roi; mais ils n'empêcheront jamais que ce ne soit, en général, toujours dans les mains de leurs pères plutôt que dans celles de tuteurs à gages amovibles, et parconséquent plus ou moins indifférens ou même cupides que les intérêts des familles sont le plus en sûreté : et comme ce qu'il peut y avoir d'exception à cette règle générale tient à l'imperfection de la nature humaine sur laquelle, ni la politique, ni la législation n'ont aucune prise, puisqu'il est certain que c'est cette même imperfection qui fait que les hommes ne peuvent pas se passer de gouvernement, il est de même certain que de pareilles exceptions ne peuvent pas être érigées en principes, d'où il résulte que le gouvernement monarchique étant l'image fidèle de celui des familles, cette forme est la moins imparfaite de toutes celles qui peuvent être adoptées par des nations modérées, raisonnables et justes, telle qu'avoit toujours été la nation française avant 1789, avant qu'elle eût reçu les perfides leçons de la licence de la presse.

Trois dinasties, seulement en 14 siècles, nous offrent, en effet, une preuve incontestable, et jusqu'alors inouie dans les fastes du genre humain de l'excellence de notre forme antique de gouvernement contre lesquels tous les sophismes de la philosophie de notre 18me. siécle viennent

se

se briser, parce que les exces fanatiques auxquels elle vient de se livrer dans l'orgueil de son triomphe, ne laisse plus aucune prise à l'illusion et au prestige; et ce n'est pas au moment où il faudroit nous jetter entre les bras de la monarchie héréditaire à l'exemple de la Pologne, qu'oubliant tout d'un coup nos plus chers intérêts, nous pouvons lui préférer de gaîeté de cœur, les innovations de notre effervescence révolutionnaire, ou la flétrir arbitrairement sous le prétexte de délits éventuels dont une aussi longue expérience a d'avance démontré l'outrageante gratuité.

Ils ne falloit peut-être rien moins que les excès de la démagogie pour nous guérir de la manie des innovations exagérées, qui, dans ce siècle, sur-tout, avoit pris trop d'ascendant sur notre malheureuse nation. A la vérité le remède est trop violent, cependant en recourant aux leçons de la sagesse, ce médecin sublime des nations, aussi bien que des individus raisonnables et justes : notre convalescence ne sera, ni aussi longue, ni aussi douloureuse qu'on pourroit le craindre.

Il n'y a donc nullement à balancer, il

faut rendre au roi toute l'intégrité de l'autorité que le salut public réclame pour lui, et l'on ne sauroit trop accélérer cette indispensable réintégration, autrement l'incertitude actuelle nous conduiroit au despotisme ou à l'anarchie.

Au despotisme, sinon à celui du roi, du moins à celui de quelques ambitieux plus ou moins forcénés, qui n'est pas encore nommément connu; mais que ce premier attentât rendroit capable de tous les autres, et qui, réalisant l'hydre de la fable, ne vengeroit que trop bien le trône français de l'abus cruel qu'on s'est permis de faire de la force envers le monarque infortuné qui l'a le plus dignement occupé, en l'assimilant outrageusement au roi Soliveau que le Jupiter imaginaire des poëtes avoit d'abord donné aux grenouilles, Apologue, qui, en ces momens ci est l'image trop naïve de ce qui s'est passé parmi nous.

A nous entendre l'on diroit que le despotisme n'est exclusivement attaché qu'au gouvernement d'un seul, étrange erreur que celle-là; car le despotisme peut se glisser dans toutes les formes de gouvernement où l'arbitraire peut se substituer à la place de la loi ; or, les hommes étant ce qu'ils sont, il n'en est aucune où il ne puisse s'introduire, c'est même en raison de ce que les agens de la souveraineté sont plus multipliés qu'il doit être plus pernicieux et plus redoutable, au point que comme une courte, mais trop cruelle expérience vient de nous en convaincre. Le pire de tous les despotismes est celui de la multitude, au sein de laquelle il s'est introduit avec beaucoup trop de facilité, au lieu qu'il est infiniment plus facile de s'en préserver sous le gouvernement d'un seul, circonscrit dans de justes bornes, tandis que l'anarchie qui est le dernier terme du despotisme de la multitude, une fois consommée, l'état est dissout, et il ne reste plus aucun espoir d'y voir renaître le bon ordre et l'harmonie ; c'est au bord de cet abyme que nous a conduit l'excessif avilissement de l'autorité royale. S'il étoit possible que cette autorité tutélaire vient à être tout-à-coup anéantie comme les factieux le prétendent, ne seroit-ce pas la queue du serpent qui seroit restée chargée du soin de conduire sa tête, et qui, par une aussi absurde présomption seroit parvenue à se déchirer dans toute sa longueur toutes les parties du corps.

Encore une fois nous ne saurions donc trop nous hâter de nous jetter entre les bras de l'autorité tutélaire du roi, et c'est ce que nous nous faisons un devoir de réclamer de la part de nos contemporains pour eux-mêmes, pour nous et pour la postérité.

Il faut que cette réintégration soit pleine et entière, sans autre circonscription que que celle que les loix fondamentales de l'état lui ont assignée ; nous insistons beau-là-dessus, parce que c'est là l'unique centre ou le rétablissement de la religion, de ses ministres, de leur patrimoine et de celui des pauvres, de la noblesse et de la magistrature en un mot, de nos antiques institutions dans toute leur intégrité ; mais épurées autant qu'il aura été possible de tout ce qui avoit pu s'y mêler d'abus. Non, ce n'est plus qu'à l'autorité légitime et tutélaire du roi, comme centre unique de tous les pouvoirs dans l'ordre politique que la France peut encore être redevable de ne pas tomber dans toutes les horreurs de l'anarchie, qu'elle peut-être redevable du rétablissement, de la consolidation et de la stabilité de l'ordre public, et nous craignons même à cet égard d'autant moins les novateurs les plus prévenus, (pourvu pourtant qu'il leur soit encore resté quelque droiture d'esprit et de cœur) qu'appuiés de l'autorité de Jean-Jacques Rousseau qui est auprès d'eux en si grande recommandation; nous les renverrons à ses propres paroles déjà citées dans notre dernier ouvrage contre la constitution, page 25, tirées de la polysinodie de l'abbé de Saint-Pierre. Ce tribunal ne peut pas leur être suspect, ils y trouveront leur condamnation, encore bien plus fortement prononcée, et ils seront forcés d'en conclure comme nous le prouvons d'après un examen approfondi de cette œuvre de ténèbres qu'on ne peut plus s'en avouer l'ami sans se déclarer par cela même ennemi de la patrie. Conséquence nécessaire, positive et irrécusable à laquelle les réclamations qui nous restent à faire tant au nom de la saine partie de nos contemporains qu'en celui de la postérité, ne peut que donner toujours plus de force.

Emportée par la manie effrenée de tout

détruire, et pressentant sans peine les obstacles invincibles que la religion catholique apporteroit à ses entreprises dévastatrices, l'assemblée constituante a eu la lâche audace de croire qu'elle pourroit anéantir cette digue sacrée, qui s'opposoit à ses ravages. Nouveaux Tytans, nos prétendus constituans ont cru pouvoir arracher Dieu lui-même de son trône, et tout en feignant de le respecter, ils ont cru usurper aussi facilement l'autorité de l'Eglise de Dieu que celle du roi. C'étoit-là qu'il les attendoit, leur impudente témérité à rencontré dans la fermeté invincible des ministres de Jésus-Christ, toute la soumission qu'ils pouvoient devoir à des tyrans, toute la fidélité qu'ils devoient à Dieu et à leur ministère. Ces hommes pervers et impies, auront réellement régénéré la religion et l'état, en croyant les détruire l'une et l'autre, et leur acharnement fanatique n'aura servi qu'à démasquer l'affreuse perversité de leurs desseins atroces. Nous avons rendu à cette fille [illegible] ciel, autant qu'il a pu dépendre de nous l'hommage que nous lui devions dans chacun de nos écrits, elle s'est tout-à-coup suscité de si illustres, de si profonds, de si respectables défenseurs, qui ont présenté sous tant de faces différentes les vérités éternelles qui doivent assurer son triomphe, qu'il nous est doux de nous borner à nous ranger au nombre de leurs admirateurs.

Pour nos énergumènes novateurs, toutes les religions sont également bonnes pour eux, car ils n'en veulent aucune. Un matérialisme cinique ou bien un Dieu facile et insouciant, tel qu'il leur plait de s'en former l'idée, qui leur laisse la bride sur le cou, et qu'ils puissent braver tout à leur aise; une haine forcenée contre tous ceux qui manifestent par leur conduite des principes religieux, qui sont la censure sévère de leur doctrine impie. Telle est en dernière analise l'unique profession de foi des athées ou des déistes de nos jours, ils l'affichent par leurs actions, ils s'en vantent tout haut, et non-seulement ils s'en vantent, mais ils prétendent substituer au culte du Dieu vivant et véritable, celui des audacieux novateurs, qui ont préparé la déplorable anarchie dans laquelle ils croyent achever de nous abimer, et c'est la première fois depuis que le christianisme a changé la face de la terre qu'on aura vu effacer la croix d'un temple élevé au Dieu tout - puissant pour le consacrer à des hommes que la loi eut livrés dans tout autre tems au glaive des bourreaux, notre plume n'a pas besoin de se souiller en traçant ici leurs noms, ils ne sont que trop connus.

Ainsi donc, si d'aussi monstrueuses innovations pouvoient prévaloir, toute moralité seroit proscrite, car il s'ensuivroit que le plus monstrueux abus des talens seroit un titre à la reconnoissance publique, et qu'on auroit droit aux suffrages de ses concitoyens, qu'en raison de ce qu'on auroit été plus audacieusement scélérat. La raison humaine se trouveroit tout-à-coup prostituée à celui de tous les genres d'idolâtrie qui outrage le plus la vertu, les mœurs et la divinité; et il resteroit démontré que le genre humain après s'être dès son berceau si long-tems amusé de fables telles à peu près que celles dont les nourrices bercent encore l'enfance des individus de la génération qui va nous remplacer; après s'être éclairé par dégré en approchant de son âge viril, au point que Ciceron qui vivoit peu auparavant que Dieu se fût révélé au monde, a reconnu sa suprême autorité; au lieu que dix-huit siècles aprés, on semble n'avoir plus rien tant à cœur, que d'effacer jusqu'à son nom de la mémoire des hommes; opposition caractéristique, qui invoque sans doute une attention particulière.

Oui, Ciceron, ce sage Romain, a senti et très-clairement exprimé que ce même Dieu, que les prétendus philosophes où plutôt les impies de nos jours, croyent absolument étranger au gouvernement du monde, « sera au contraire éternellement » l'instructeur et le souverain de tous les » hommes à lui seul, continue-t-il, ap» partient le droit d'examiner et de publier » sa loi. Quiconque ne s'y soumettra pas, » ennemi de ses propres intérêts, oubliant » ce que sa qualité d'homme lui prescrit; » il trouvera en cela même la plus affreuse » punition quand il éviteroit tout ce qui » est regardé comme supplice, » *unusque erit quasi magister et imperator omnium Deus : ille legis ejus, inventor, disceptator, lator. Cui, qui non parebit, ipse se fugiet ac naturam hominis aspernabitur: atque hoc ipso luet maximas poenas; etiamsi coetera supplicia quae putantur effugerit.* Ciceron n'étoit ni un imbécile, ni un homme foible. S'il eut entendu l'homme Dieu Jesus-Christ; s'il lui eût vu ressusciter les morts, commander au vent et à la mer; ou si vivant de nos jours, il lisoit l'évangile, s'il voyoit l'établissement de son Eglise scélé de son sang, se former malgré toute la rage de l'enfer et du monde déchaînée contre elle; certes il y a tout lieu de croire qu'il ne partageroit pas l'aveugle fureur de ceux qui croyent pouvoir anéantir un œuvre, où le doigt de Dieu est si visiblement marqué.

Maintenant que nous fermons, obstinément, les yeux à la vive lumière dont le christianisme a, dès son commencement, éclairé le monde, et que le faux merveilleux a repris tant d'empire sur les esprits; ne semble t-il pas que le genre humain touche de bien près à la décrépitude de sa dernière enfance.

C'est ainsi que la conduite de Dieu sur l'ensemble de la race humaine, se trouve pleinement justifiée par l'abus que l'ensemble des nations, aussi bien que des individus ont fait de leur liberté et des lumières qui leur avoient été départies d'abord avec mesure et selon qu'elles pouvoient les porter; puis au moment de la virilité du genre humain avec toute la plénitude qui pouvoit lui assurer la perfection dont il est capable, Dieu a donc pu le traiter comme un seul homme. Il est donc vrai que l'ensemble des nations ne sont que des hommes. *Sciant gentes quoniam homines sunt.*

Le genre humain redevenu enfant. Eh! qui ne le soupçonneroit pas à l'enthousiasme plus que puérile qu'il montre pour les notions impies, extravagantes et ridicules qu'il prétend substituer aux solides instructions qui lui avoient été fidèlement transmises, à cette fastidieuse répétition de ses anciennes impérities dont il nous fatigue et nous accable; à cette licence effrénée de productions incohérentes et insensées qui sont à la fois l'écueil et l'opprobre de la raison dans le sein d'une nation qui passoit pour la plus éclairée et la plus polie de toutes; productions insensées au milieu desquelles ne surnagent qu'avec peine les réclamations du petit nombre de ceux qui ont encore le courage de se déclarer les amis de la réligion, de l'ordre et de la vertu : si ce n'est-là un viellard enfant, c'est assurément l'image malheureusement trop ressemblante d'un vieux libertin.

En effet, l'un des caractères indélébiles de l'enfance est de n'attacher aux mots qu'on lui présente, d'autre acception, que ceux qui la dirigent, ont jugé convenable à leurs vues de lui donner. Et c'est précisèment ainsi que viennent de s'y prendre avec la nation française ceux qui vouloient la dénaturer et la détruire.

Roi, royauté, monarchie, ces mots étoient trop vieux, les idées qu'ils exprímoient étoient celles du respect, de la vénération de l'univers ; les novateurs ont tout-à-coup suscité une tourbe de malheureux, sans Dieu, sans réligion et sans mœurs pour les flétrir de tout le pouvoir qu'une imagination exaltée usurpe si aisément sur les esprits superficiels et irréfléchis. Delà, les grands mots de nation, toute puissance du peuple, république, liberté, patiotisme, égalité, qui, dans leur brillant pathos a tout-à-coup, fait une si grande et si rapide fortune, au point, d'avoir tout d'un coup changé toutes les idées et bouleversé toutes les têtes.

Nous croyons déja avoir réduit, dans cet écrit, à leur juste valeur, ces trois premiers mots, nation, république, liberté.

La toute puissance du peuple ou la tyrannie de la force, ou l'entière dissolution du corps social, tout cela n'est qu'une seule et même chose; toute autre explication seroit superflue, et nous croyons cette vérité démontrée dans notre brochure sous ce titre : *on vous a cruellement trompé, Français.*

*Reste le Patriotisme.*

Le patriotisme, c'est, à proprement parler, l'unique religion des révolutionnaires. Ils paroissent ne penser, ne parler, n'agir qu'en lui, par lui et pour lui seul. Ensorte que s'il étoit vrai qu'il fut à la fois l'assemblage et la perfection de toutes les vertus comme ses sectateurs prétendent qu'on le croye sur leur seule parole, la génération actuelle seroit en effet très-criminelle de ne pas adopter pour elle-même et pour la transmettre à notre postérité sa réalité telle que nous aurions eu la consolation et le bonheur d'en ressentir les heureux fruits.

Oui, les fruits; car ce n'est qu'à ses fruits qu'on reconoit un arbre; mais, quels sont donc ceux du patriotisme ? Les meurtres, les massacres, les incendies, l'anarchie, l'impunité des patriotes, l'imputation à leurs victimes de tous les attentats dont ils ont la scélératesse de se rendre coupables, l'usurpation ou l'asservissement absolu de tous les genres de pouvoirs. Nous avons beau rechercher autour de nous, compulser les bulletins des assemblées publiques des tribunaux, nous n'y appercevons presque rien autre chose. Les faits sont indestructibles, et le grand livre de la société est ouvert à tous les yeux; qu'on démente, si l'on peut, ces assertions.

Non seulement le patriotisme n'a produit que du mal dans ses trois ans de domination ou plutôt de tyrannie; mais il est de son essence de ne pouvoir pas produire autre chose que du mal; et c'est ce dont nous espérons n'avoir point de peine à convaincre tous les bons esprits qui ne dé-

dédaigneront pas de faire un bon usage de la droite et saine raison.

Il ne paroît pas que ce mot patriotisme ait une autre acception pour nous que pour les anciens peuples; c'est chez eux, c'est donc encore chez nous l'amour de la patrie, s'il étoit comme cette explication, paroît le supposer, le sacrifice des intérêts privés de tous les individus en tout ce qui peut être nécessaire à la chose publique; si ce mot produisoit réellement ce grand et salutaire effet, sans doute qu'il seroit digne de tout notre attachement et de tous nos éloges; mais aussi n'étant dans le cas contraire que la somme des vices et des passions particulières, et les hommes étant ce qu'ils sont, il n'a jamais pu produire que quelques biens passagers, des maux durables et même la dissolution et la ruine des corps politiques......

L'histoire successive des anciens peuples n'est en effet que le tableau de ses ravages : né dans les petites républiques de la Grèce, il les mit aux mains, les affoiblit les subjuga les unes par les autres, en les rangeant sur une domination étrangère : devenu alors l'instrument de l'ambition d'un seul homme, la vengeance du patriotisme grec, envahit sous Alexandre tout le vaste continent de l'Asie. Les successeurs de ce conquérant plierent sous le joug du patriotisme médité et réfléchi de la république Romaine ; et ce puissant empire devint enfin le jouet des peuples que le patriotisme Romain, avoit le plus méprisé, et c'est sur les cadavres en poussière, des sociétés détruites par les armes de nos pères que nous nous proposerions avec réflexion et de sang-froid, de substituer le patriotisme aux principes religieux, qui nous ont été transmis par nos pères. Le patriotisme, cette fausse vertu qui leur a fait creuser l'abime où elles se sont successivement englouties ! ne seroit-ce pas vouloir disparoître comme elles de dessus la face de la terre ?

Le patriotisme a toujours été la vertu favorite du genre humain, parce qu'il cache l'intérêt particulier sous le masque de l'intérêt public, non seulement aux yeux des autres ; mais à ses propres yeux, et qu'il donne la licence d'infliger l'injure avec impunité, et même avec gloire. Le patriotisme n'est à proprement parler que

que l'égoïsme national. D'ailleurs, ce qui est vice pour les particuliers, ne sauroit être une vertu pour les nations. Or, les vertus de l'amour-propre, ne sont pour les nations non plus que pour les particuliers que des vices palliés, et le vice ne peut que détruire; donc le patriotisme n'a pu produire et ne pourroit toujours produire que des effets tout pareils à ceux qu'il a toujours produits chez les anciens; tels que ceux dont nous venons d'être les tristes témoins, et dont il nous reste encore à tous tant à craindre de finir par en être les déplorables victimes. Aussi l'odieux caractère qu'il a développé avec une aussi furieuse énergie, l'a-t-il déjà tellement flétri dans l'opinion publique qu'avant qu'il soit peu, ses sectateurs n'oseront plus se donner la flétrissante qualification de patriotes, ou bien ils détruiroient la nation et finiroient par s'entredéchirer.

Un autre grand mot dont le prestige magique, astucieusement employé par les constituans à excité tout-à-coup le plus fanatique entousiasme dans la multitude; c'est celui d'*égalité*, nous ne parlons que du mot, car ce mot emphatiquement prononcé suffisoit en effet sans la chose, pour abuser une multitude inconsidérée, dont il ne falloit que flatter l'amour-propre pour la porter à tous les excès qui ont été les funestes suites de cette forfanterie convulsive.

Nous disons sans la chose, et que le mot seul a suffi, car les personnes même les moins réfléchies, pour peu qu'elles eussent donné d'attention précise à la signification propre de ce mot d'*égalité*, eussent bien senti qu'il n'étoit pas plus aisé à la politique législative, de niveller les facultés intellectuelles et morales des individus que l'épaisseur ou la hauteur de leur taille, et qu'à défaut de ce nivellement indispensable, il étoit néanmoins strictement impossible, qu'au milieu de cette variété de dissemblances de tant de genres diffents, on pût jamais établir cette égalité absolue, que les interprétateurs odieux de la déclaration des droits prétendent y trouver. Il est sans doute une égalité à laquelle tout citoyen a certainement droit, mais aussi qui étoit hautement invoquée par l'ensemble des cahiers de tous les ordres sans préjudice, toutefois de cette égalité de considération, qui est impossible, et dont il étoit parconséquent extravagant ou absurde de vouloir faire une loi. Ce mot d'égalité pris dans l'acception absolue que les constituans ont cru pouvoir lui donner, n'étoit donc à proprement parler qu'une chimère, qu'une illusion grossière, qu'une pomme de discorde, jettée exprès sur notre malheureuse patrie pour y tout bouleverser, et pour y tout perdre.

Nous nous trompons, nos constituans avoient en effet un autre but, c'étoit celui, non pas de relever les petits, mais d'abatre les grands, et voilà pourquoi nous n'avons plus de noblesse, mais au lieu d'elle des jacobins. L'on peut voir dans notre démonstration au peuple, du mal que lui ont fait ces clubistes audacieux. Ce que la France a gagné à un échange aussi monstrueux. L'abolition de la noblesse; c'est précisément ce que l'auteur des *pourquoi du peuple*, appelle avec autant de précision que d'énergie, avoir substitué . . . . *L'insolence du pouvoir* (uniquement fondé sur la force) *à la dignité de la naissance, l'avarice aux espérances légitimes de l'honneur*, et avoir mis la chose publique *dans la nécessité de ne pouvoir recompenser les services rendus à l'état, qu'avec de l'argent qui est toujours le prix des sueurs du peuple.*

Un décret a poussé à cette égard l'impéritie jusqu'à interdire aux individus de la noblesse, de se dire ci-devant nobles. Il donne ainsi un effet rétroactif à la loi pour proscrire cette expression, c'étoit par le fait rétablir les titres qu'ils prétendoient avoir détruits. Aussi bien n'eussent-ils pas pu faire qu'un noble ne fût pas le fils de son père (et pour prévenir tout différent avec eux, sur un sujet qu'ils ont paru avoir si fortement à cœur) du moins fils au terme de la loi *quem nuptiæ demonstrant* comme on le voit, il n'étoit nullement difficile de pousser à cet égard avec assez peu de lignes nos antagonistes jusqu'à leur dernier retranchement; puisque c'est eux-mêmes (tant la passion est aveugle) qui nous ont fourni la pièce décisive du du procès. Car comme l'on ne peut pas empêcher qu'un homme ait été, lui interdire l'expression qui désigne notre état passé, c'est dire qu'il n'est point passé, et parconséquent qu'il continue d'être ce qu'il étoit auparavant.

Ce n'est donc pas pour s'épargner le supplice de l'égalité imaginaire à laquelle l'assemblée constituante avoit d'abord voulu réduire constitutionnellement les nobles, qu'ils ont abandonné leur patrie pour fuir sur des terres étrangères; mais pour mettre leur vie en sûreté contre les fureurs antropophages de brigands soudoyés, qui, sous le nom d'un peuple bon et humain, ont impitoyablement massacré, dévoré, un si grand nombre des membres de leur ordre.

C'est pour pouvoir redemander à toutes les puissances, à tous les peuples de l'Europe, menacés par les apôtres et par les machinations ouvertes et ténébreuses de la propande et du fanatisme infernal des jacobins; pour pouvoir redemander, disons-nous, à tous les souverains et à tous les peuples tant pour leurs propres intérêts, leurs intérêts les plus sacrés, les plus chers, les plus pressants qu'au nom de leur patrie déchirée, et en celui de notre postérité et de la leur, « sa reli» gion, son roi, son gouvernement, ses flottes, ses armées, ses magistrats, sa » police, sa liberté, ses richesses, son » commerce, son crédit, sa considération » première, ses alliés, ses enfans enfin » de tous les ordres et de toutes les classes, obligés, forcés de s'expatrier et de chercher sur leurs terres hospitalières, une sûreté que des lois uniquement dirigées contre eux, pour assurer le triomphe des féroces ennemis de Dieu et des hommes, ne leur permettent plus d'espérer dans leurs foyers, tant que les audacieux violateurs de toutes les loix divines et humaines, y conserveront le funeste ascendant de leur tyrannique férocité.

Mais le peuple proprement dit, le peuple laborieux et utile, que son attachement à l'ordre public rend si recommandable, cette classe d'hommes sans propriété, sur les travaux de laquelle porte la société tout entière, les pauvres en un mot ont ils du moins gagné quelque chose à la déclaration de cette égalité chimérique, qui a fait disparoître toutes les grandeurs, pour ne plus laisser subsister que la bouffissure démagogique de nos prétendus constituans, qui a dans presque toutes les occasions eté tyranniquement dominée par les clubs.

La réponse à cette question est faite ; d'aussi brusques innovations, des destructions aussi rapides n'ont-elles pas en effet tout déplacé : n'ont-elles pas anéanti toutes les ressources ; car il ne s'est plus élevé ni rétabli de châteaux, ni d'hôtels depuis qu'on les a incendiés ; tous les bénéfices, les ordres religieux sont anéantis et parconséquent ne font plus travailler. Tous les riches qui n'ont pas quitté cette terre de douleur et de larmes, effrayés, déchirés à l'aspect hideux du présent, exposés à toutes minutes, à toutes les horreurs, dont une horde de brigands répandus par-tout, menace continuellement leurs vie et leurs propriétés, ne peuvent presque plus se livrer aux doux sentimens de l'humanité et de la bienfaisance, sans s'exposer à partager le sort des malheureux, qu'ils soulageroient. Le pauvre qui reste attaché à l'ordre, témoin muet de ces scènes d'horreurs, ne sait que souffrir ; il invoque le ciel, il est lui-même sollicité, pressé de devenir complice des fureurs qui déchirent notre malheureuse patrie. Plus de ressource pour lui et pas plus de sûreté que pour le riche s'il continue d'être honnête et vertueux. *Le bonnet de la liberté ne couvre plus que la tête des factieux* ; d'une extrémité du royaume à l'autre, tous les bons citoyens sont sous le glaive. S'il est vrai qu'il y ait et qu'il puisse y avoir de l'égalité, ce n'est plus que celle de la vertu opprimée, d'une part, et de l'audace pour le crime de l'autre. Toute la force des factieux est dans cette audace qui n'est forte que de la modération de ceux qui ne leur ressemblent pas. Ainsi il ne reste plus de ressources particulières sur lesquelles les ouvriers honnêtes puissent encore compter.

Et cependant, comme on peut le voir dans la série des principes constitutifs du droit de propriété, qui termire notre *dénonciation à tous les bons citoyens pauvres ou riches, de l'abus que les ennemis du bien public, prétendent faire de la déclaration des droits de l'homme et du citoyen en provoquant le partage égal des terres entre tous les individus ;* brochure qui vient de sortir de dessous la presse :

« L'assistance publique ne doit être que

» le supplément de l'assistance privée. Et » la prospérité nationale est en raison » inverse (1) de la modicité, ou même » s'il étoit possible de la nullité de ce » supplément ».

D'après ce principe avoué du bon sens et de la droite raison, une saine politique eût donc exigé, de deux choses l'une, ou que l'on ne se permit point de subversions qui dérangeassent les fortunes particulières et les ressources locales, ou qu'on créât s'il ne s'y en étoit point rencontré, des ressources publiques pour suppléer à la nullité où on les auroit réduites.

Des ressources précaires ou subordonnées à tous les événemens, à toutes les calamités; ne peuvent pas être appellées des ressources.

Il faut des fonds pour soulager les pauvres. C'est de la part d'une grande

---

(1) Nous avions mis directe, c'est une méprise, nous n'avons rien voulu comprendre dans cet même écrit, qui eût rapport ni à la mendicité, ni à la repression, ce n'étoit là, ni la place, ni le moment.

nation un grande devoir toujours subsistant, que dans aucune circonstance, rien ne peut jamais la dispenser de remplir. Car la mendicité est la lèpre du corps politique qu'on peut et qu'il faut détruire. Mais la pauvreté, suite inévitable de l'inégalité des conditions dans toute société, est indestructible ; et ce n'est qu'en la sécourant avec sagesse, qu'on prévient à la fois son avilissement, ses excès et ses crimes, la dégradation et la ruine de l'état.

La stabilité des fonds de secours était donc l'un des grands objets qui dût fixer d'une manière toute spéciale, l'attention de l'assemblée nationale ; il falloit des fonds exprès, des fonds suffisans, et que la foi publique les mit, par toutes les précautions qui seraient en son pouvoir, hors de toutes les atteintes de la cupidité dans quelque détresse que pussent se trouver les affaires publiques. Car, de toutes les espèces d'engagemens qui puissent être contractés par un grand peuple, il n'en est point d'aussi sacré et qui puisse être aussi inviolable que celui de pourvoir à la subsistance des pupilles infortunés, de tout âge et de tout sexe, auxquels la misère et les infirmités ne l'aissent plus d'autres ressources que celles de l'assistance publique. Dans tous les tems et dans tous les lieux, ce seront toujours là les premiers créanciers de l'état.

C'est donc le fond complet de secours, non pas nationaux, mais locaux et individuels garantis contre toutes les vicissitude humaines, autres que la dissolution de l'empire, qu'un établissement de ce genre étoit si propre à prévenir que la nation eut dû se créer sur les domaines immenses qu'elle s'est appropriés, quand même, *la prudence, l'humanité, la justice de nos pères ne l'auroit déja pas assuré à jamais sur* la partie la plus notable de ces mêmes domaines *par une substitution inextinguible aux indigens, aux vieillards, aux malades en proscrivant* (comme ils l'ont fait) *par tant de loix nationales renouvellées d'âge en âge l'aliénabilité des fonds donnés à l'église pour cet objet spécial : ad égentium substantiam* (1). Donnés à l'église.

(1) Dans notre adresse à l'assemblée constituante,

non pas à l'église prise collectivement ; mais à des églises particulières, pour le culte et pour les pauvres, donnés en cette manière à perpétuité, non pas par la nation, mais par des particuliers, qui avoient le droit certain d'en disposer, qui ne pouvoient en faire de meilleures ni de plus sages dispositions ; et dont, parconséquent, les dispositions eussent dû être à jamais autant et plus respectées (s'il étoit possible) que si ces biens fussent passés légalement jusqu'à nous dans d'autres mains particulières ; biens dont une seule génération n'auroit pas dû dépouiller les générations suivantes, quand même c'eut été la nation qui eût fait ces fondations pieuses. Car, outre que le mot de fondation porte avec soi le caractère indélébile d'immutabilité, il est d'ailleurs évident, que par le mot nation, l'on n'entend point, l'on ne peut pas entendre une seule des générations qui se

---

pour lui demander la formation d'un comité pour les pauvres, imprimée par ordre de la commune de Paris, page 18.

trouve exister dans un point donné de sa durée ; mais l'ensemble de toutes les générations qui se succèdent pendant sa durée entière. D'où il suit que les vains sophismes dont on s'est servi pour égarer l'opinion publique, tombent à plat, et que l'on n'a pu s'emparer de ces biens sacrés que par le droit du plus fort, le plus sur sans doute, mais aussi le plus dangereux et le moins durable de tous les droits.

Eh bien ! s'il étoit possible, ce riche patrimoine, auquel la piété de nos pères avoit à jamais attaché le soulagement des pauvres, et qui devoit assurer leur subsistance dans la suite de toutes les générations, seroit dès-à-présent sacrifié par la génération présente, en quelques années seulement, dans des momens d'exaltation et d'effervescence, à des engagemens d'un ordre infiniment au-dessous de ce grand devoir. Dieu et les pauvres ont été dépouillés des offrandes libres qui leur avoient été faites, dans l'ensemble desquelles, il eût suffi d'opérer d'exactes et salutaires réformes, et d'en maintenir sévèrement l'exécution pour assurer à jamais la prospérité et le bonheur de l'empire. C'est avoir avoir coupé l'arbre au pied pour en cueillir le fruit ; tant le despotisme de la multitude est plus aveugle, plus forcené, plus irréprimable que ce lui d'un seul qui n'eût jamais eu l'audace impie de se permettre cette sacrilege spoliation.

La politique du moment n'en est pas restée en si beau chemin ; car elle a aussi retiré aux pauvres les concessions qu'elle leur avoit accordées.

Ainsi, donc, la révolution qui sembloit devoir créer des ressources fixes et stables pour les pauvres, si elle n'en eut point trouvé, en a réellement trouvé de telles qu'elle les auroit dû créer et les a détruites, si toutes fois les dispositions toujours subsistantes de nos pères n'assuroient imperturbablement à notre postérité les mêmes droits de s'en ressaisir que nous avons en nous mêmes en ne les recevant qu'avec la condition expresse de les transmettre à nos neveux, avec la même intégrité qu'elles nous avoient été transmises par nos ancêtres.

Et il faudra bien qu'elle rentre dans ses droits indestructibles ; car, ce n'est pas avec des ressources incertaines et précaires qu'on peut acquitter des charges ou plutôt les grands devoirs toujours subsistans du culte et du soulagement das pauvres ; devoirs, près desquels aucun des autres devoirs de la société qui ne s'y rapportent pas plus ou moins, ne peuvent entrer en comparaison. Or, au lieu des ressources fixes qui subsistoient à l'époque de la révolution, et dont la perpétuité étoit entourée de toutes les précautions dont la sagesse humaine avoit pu les environner. Il n'y a plus rien aujourd'hui pour les pauvres que l'établissement général que la constitution vient de leur promettre.

Mais cet établissement n'est encore qu'en projet, en le réalisant, on ne peut plus le faire porter que sur l'équivalent d'une taxe ; mais cette taxe n'étant imposée qu'après toutes les autres contributions publiques, ne sera plus considérée que comme une surcharge. Elle sera donc nécessairement subordonnée à la quotité des autres impositions. Or, cette quotité est énorme, sur-tout, en la rapprochant de l'épuisement universel où l'on est de tous les genres de ressources. En sorte que l'auteur d'un petit imprimé qui a paru, l'été dernier à l'effet de rapprocher les 14 ans du règne de Louis XVI avant 1788 des trois ans qui ont suivi, n'a été que trop fondé à dire.

« On reduit à l'indigence les hôpitaux, » aziles des indigens, de vieillards, de » veuves et d'orphelins. Ils ont supprimé » ce qui les dotoit, comme s'il ne devoit « plus y avoir de pauvres, et dans le même » instant ils réduisoient à l'aumône, je » ne dis pas des milliers, mais des millions » d'infortunés ; de sorte que par les mêmes » opérations, il faudroit tripler le nombre » des lits dans les hôpitaux, et qu'au » contraire il faudroit diminuer des trois » quarts le nombre des malheureux qui » s'y rassemblent ; car, bientôt on y man» quera de pain. On a donné trois millions » pour tous les hôpitaux du royaume, » c'est avoir envoyé un septier de bled » pour la provision d'une armée ».

Telle étoit au mois d'août dernier notre situation par rapport aux pauvres. L'on ne peut pas dire que, dès lors, jusqu'à présent, elle soit devenue meilleure, c'en est donc fait de la France, si l'on ne restitue pas à chaque église, particulière, les biens qui leur sont communs avec les

pauvres

pauvres, puisque ces ressources publiques qui pouvoient se plier utilement à tous les besoins locaux, n'existent plus, et que les ressources particulières sont anéanties par les nombreuses émigrations qui jettent l'effroi dans toutes les ames, par les défiances qui en sont la suite; enfin l'unique espoir qui reste pour eux, c'est l'établissement général qui leur est promis par la constitution. Mais comme on vient de le remarquer, les mêmes causes qui ont anéanti les ressources particulières, vont en faire une surcharge extrêmement difficile à supporter pour la nation. Quels momens que ceux où nous sommes! Pour ne considérer les pauvres qu'en masse, comme le supposoit le projet du comité de mendicité de l'assemblée constituante pour les assimiler ainsi, autant qu'il est possible, à de vils troupeaux. De bonne foi peut-on croire que la coalition des sociétés prétendues patriotiques, des sociétés prétendues fraternelles, ces excroissances monstrueuses de la politique du moment, ne sauroient pas tirer parti d'une opération jusqu'alors si insolite? Quel triomphe plus facile à offrir aux nouveaux Erostrate, ces écrivains anarchiques, qui ont tant à craindre du retour à l'ordre? Croit-on qu'il leur fût si difficile de la mettre à profit pour consommer leurs noirs et perfides desseins? car enfin les riches à leurs yeux auroient abandonné leur propriétés et les pauvres réduits au désespoir, les pauvres auxquels on semble avoir exprès voulu ne laisser aucun frein même religieux seroient entre leurs mains parricides tout ce qu'il leur plairoit. Quand on voudroit exprès la loi agraire, et parconséquent avec elle le complément de l'anarchie et l'entière dissolution de l'état, en vérité nous ne voyons pas comment on pourroit mieux s'y prendre. Mais à quoi aboutiront nos trop foibles cris, s'il est vrai que nous touchons d'aussi près à la dissolution de ce malheureux Empire. L'on croira bien mieux aux forfanteries impudentes de la démagogie, qu'à l'évidence irrécusable des faits sur lesquels portent nos trop justes craintes.

Nous avons prouvé dans cette écrit qu'une seule génération n'étoit pas plus la nation, le corps politique, l'état, qu'un seul individu ne peut se dire cette génération.

Combien moins encore quelques individus profitant de l'effervescence excitée par eux pour violer impunément les engagemens sacrés qu'ils avoient contractés pour tout bouleverser et tout perdre ? L'envahissement du patrimoine des Eglises particulières et des pauvres, est donc contraire au droit réellement national proscrit par la religion, subversif des plus saintes loix de l'humanité, et ouvre d'après l'un des oracles de la révolution, l'écrivain de Prud'homme, une large porte à la loi agraire, et parconséquent à toutes les horreurs de l'anarchie et à moins que cette œuvre d'iniquité en se consommant n'amène une dissolution subite qui égorge tout-à-coup notre postérité ; certainement elle exigera et obtiendra à cet égard comme à tout autre la pleine et entière réintégration de ses droits inaliénables et imprescriptibles ; telle que nous la réclamons ici formellement en son nom.

Les téméraires acquéreurs de ces biens dont une *substitution inextinguible* n'a jamais permis et ne permettra jamais l'envahissement, sont d'autant plus coupables que les nombreuses et formelles réclamations qui se sont élevées contre cette entreprise cupide, la frappe de droit d'une nullité radicale, ne leur laisse d'autre titre que celui de la force, et les rend absolument inexcusables, soit qu'ils soient étrangers ou qu'ils soient régnicoles.

S'ils sont régnicoles, loin qu'ils puissent continuer à se dire citoyens, à peine peut-on leur laisser la qualité d'hommes, car c'est n'en avoir conservé que la figure, que d'avoir voulu anéantir le culte catholique et dévorer les pauvres par cette complicité spoliatrice.

S'ils sont étrangers, ce sont des brigands ameutés avec ces premiers pour égorger un grand peuple. Une indignation profonde est l'unique prix qu'ils puissent se promettre d'une aussi monstrueuse complicité et l'Europe entière, la sévère et impartiale postérité la partageront avec les gens de bien de tous les pays. L'on pourroit se dispenser envers eux de toute espèce de ménagement ; et cependant il faudra user de tous ceux qui pourront se concilier tant avec ce que les circonstances pourront permettre, qu'avec ce que la justice exige.

Mais ces ménagemens n'ont nul rapport avec la promesse que nous avons publiquement faite de revendiquer ces biens qui ne peuvent cesser d'appartenir à la postérité, et que voilà actuellement remplie; et quant à ces ménagemens, s'il est possible qu'ils ayent lieu sans compromettre le droit certain et irrécusable de nos neveux si indignement sacrifiés dans cette opération violente à des engagemens d'un ordre infiniment inférieur et qui même ne seroient pas remplis; nous ne pouvons qu'inviter tous les bons écrivains amis des hommes et de l'ordre public qu'ils daignent s'en occuper; dans l'espoir consolant où nous sommes qu'ils se pénétreront de cette grande et indestructible vérité, qu'égorger une nation, un corps politique, un état, est un crime infiniment plus atroce, s'il étoit possible, que celui de n'égorger qu'un seul individu. Or, tel seroit l'effet nécessaire de la spoliation des biens ecclésiastiques s'il étoit possible qu'elle se consolidât: Voyez à cet égard les pages 12 et 13 de l'écrit contre la loi agraire, que nous venons de citer: voyez les pages 29, 30, 31 et 32 de cette même brochure, et concluez-en, si vous le pouvez, que la sécurité funeste est trop prolongée, où vous avez vécu jusqu'ici sous ce rapport essentiel et décisif et aussi raisonnable que vous avez pu vous le persuader.

Nous ne doutons nullement que les complices de cette spoliation monstrueuse, les acquéreurs des biens ecclésiastiques, ces hommes au moins indiscrets et cupides qui ont eu l'audace téméraire de se flatter de survivre à la ruine de la patrie, s'ils pèsent, avec la maturité convenable, les graves considérations que nous nous faisons un devoir de leur soumettre comme à tous nos autres concitoyens, ne restent fortement convaincus que les prétendues acquisitions qu'ils croyent avoir faites; mais qu'ils sont certains qu'on n'avoit pas droit de leur faire, ne soient au fond entre leurs mains que de simples dépôts qu'on leur arrachera avec la vie pour assouvir la faim dévorante des patriotes nécessiteux du député Delmas. Toutes ces choses sont suffisamment exposées dans la brochure que nous venons de citer, nous n'y reviendrons plus.

Nous allions oublier la magistrature ; elle étoit vénale et inamovible sous l'ancien régime ; elle est devenue élective et amovible sous le nouveau.

Nous savons bien tout ce qu'il y a à dire contre la vénalité ; certainement la différence du mérite n'est pas essentiellement en raison de la quotité des richesses, les lieux communs qu'on a emphatiquement débités à cet égard, sont connus de tout le monde.

Mais aussi en ne montrant ainsi la vénalité, l'inamovibilité que par leur mauvais côté seulement, n'a-t-on pas montré une partialité révoltante.

Assurément la richesse ne suppose pas le mérite ; mais aussi elle ne l'exclut pas à-coup-sur.

Un homme riche a eu le moyen de recevoir une éducation plus soignée, il est sensé avoir des principes, en préférant la magistrature comme un état stable, il y a lieu de croire qu'il a songé à s'en rendre digne. Donc, l'inamovilité vénale a de grands avantages.

Sans doute que cela n'a pas empêché qu'il n'y ait eu d'indignes magistrats ; mais aussi dire qu'il y en a eu, c'est en même tems dire que l'ensemble de la magistrature étoit aussi bon que les hommes, les tems, les circonstances pouvoient le comporter. Au lieu de porter aussi audacieusement la hache de la destruction sur toute la magistrature inamovible, il eût donc été plus sage, plus juste, plus politique, de chercher de bonne foi à en extirper les abus qui avoient pu, qui avoient dû s'y glisser. Mais aussi l'on eût eu un prétexte de moins pour dépouiller les prêtres, et il seroit resté une autorité pénale qui auroit rendu impossible toutes les autres spoliations. Il a donc fallu détruire, et l'on a en effet détruit la magistrature inamovible.

L'occasion ou les desseins anarchiques des novateurs se sont manifestés de la manière la plus prononcée, c'est lorsque les brigands brûlant, s'accageant, massacrant, infestoient tout le royaume, c'est ce moment précis qu'on a choisi pour détruire les justices prévotales qu'il eut fallu instituer si elles n'eussent pas existé, d'où l'on est forcé de conclure que ce n'est pas parce qu'ils ont cru la magistrature élective et amovible, préférable à la magistrature inamovible, qu'ils ont détruit cette dernière pour lui substituer l'autre.

Il falloit aux novateurs des tribunaux et des juges qui fussent dans leur sens pour qu'ils ne fussent pas dans le cas de les craindre, ni pour eux, ni pour leurs complices, ni pour les instrumens de leur fureur; en cela a consisté tout le sècret de la prétendue régénération des tribunaux.

Les tribunaux régénérés par voie d'élection, et d'élection, par le peuple, au scrutin! mais le scrutin corromproit un peuple vertueux, et ne peut qu'égorger une nation vieille et dégénérée. Ah! si nos constituans eussent été de bonne foi, n'eussent-ils donc pas plutôt consulté les conseils pratiques de J.-J. Rousseau que de se prévaloir des assertions spéculatives de son contract social pour tout boulverser et pour tout perdre? Alors ils l'eussent entendu dans le jugement qu'il a porté sur la polisynodie de l'abbé de Saint Pierre, trancher sur cette question malheureusement trop facile à résoudre, en ces propres termes : *La seule introduction du scrutin devoit faire un renversement épouvantable.* Ce renversement épouvantable qu'elle devoit faire, elle l'a fait, tant il est vrai, qu'il *ne suffit pas de considérer les moyens qu'on veut employer, si l'on ne considère encore les hommes dont on veut se servir.*

Et, c'est cependant cette voie corruptrice qui est devenue l'unique moyen du nouvel ordre de choses. Y a-t-il lieu d'être surpris que comme nous l'avons dit dans notre troisième brochure, *tout ce qu'il y a d'immonde et d'impur, surnage aujourd'hui*, et que ce soit *l'écume de la nation qui domine aujourd'hui* sur elle. Et, en effet nulle responsabilité, ni morale, ni positive, pour un pareil mode d'élection. Comme on le voit, l'assertion positive de J.-J. Rousseau ne se trouve que trop bien justifiée par l'événement.

Des hommes choisis au scrutin par le pleuple, sont en effet à l'entière discrétion du peuple, sont essentiellement les bas flatteurs du peuple, ou bien ils sont assurés de perdre la faveur du peuple. Un beau parleur, un criard ou un sophiste, gouverne le peuple comme il lui plaît, il est donc assuré de ne jamais perdre de procès avec de pareils juges. Tout ceux qui ont eut le malheur d'encourir sa haîne sont assurés de n'en jamais gagner aucun. Quels tribunaux ! qu'elle justice !

L'amovibilité des juges, leur élection par voie de scrutin est donc la forme la plus vicieuse d'election qu'il fût possible d'imaginer.

Il faut qu'aucun magistrat du peuple ne dépende de ses caprices ou de ceux qui disposent comme il lui plait de lui.

Il faut que la magistrature soit un état fixe et honorable. Pour qu'elle réunisse ces deux qualités indispensables, il faut que la fortune du magistrat soit le plus qu'il est possible, indépendante des augustes fonctions qui le rendent l'organe de la loi, autant de conditions essentiellement inconciliables avec l'élection populaire et l'amovibilité des juges, et que la vénalité et l'inamovibilité des offices de judicature sont seules capables de réunir à un degré aussi satisfaisant que la nature humaine peut le comporter dans des circonstances comme celles où nous sommes, et les hommes étant ce qu'ils sont.

D'où il résulte en dernière analise, que la vénalité et l'inamovibilité qu'on a trop inconsidérément, ou même pour parler plus vrai, trop astucieusement et trop méchamment calomniées et proscrites, sont pourtant les modes les moins imparfaits qu'on puisse employer pour la formation des tribunaux.

Nous ne poursuivrons pas plus loin nos réflexions sur cet objet que la nature de cet écrit ne nous permet pas d'envisager sous toutes ses faces.

Nous n'avons pu, dans un cadre aussi borné, traiter que les objets dont nous sommes les plus affectés, et ne les traiter que selon la courte mesure où nous nous trouvions circonscrits, tant par notre propre insuffisance que par les limites que nous avons dû nous prescrire; et cependant notre but ne laissera pas d'être rempli nous aimons à le croire, pour tous ceux qui auront apporté dans la lecture de cette foible production du sentiment profond dont nous sommes animés, le même amour pour la vérité et pour la justice qui nous l'a dicté.

Une seule génération n'est pas plus une

nation, un corps politique, un état qu'un seupl individu n'est à lui seul cette génération tout entière. Donc la génération actuelle n'a pas plus eu le droit de dépouiller la postérité des institutions qui lui avoient été fidèlement transmises par nos ancêtres, que Mirabeau n'en avoit de se prévaloir avec tant d'audace de son ascendant sur tous les forcenés subalternes pour nous plonger si brusquement dans l'effroi la douleur et les larmes par d'aussi monstrueuses innovations, également réprouvées par tous les principes d'une politique saine et réllement amie des hommes et par la cruelle situation où elles ont réduit notre malheureuse patrie.

Mais le retour à nos antiques institutions exige autant de sagesse que de circonspection, heureusement le véritable vœu national est exprimé dans les cahiers.

L'orgeuil, la haine et la vengeance doivent être bannies de tous les cœurs, de ceux pour qui l'amour de la patrie n'est pas un vain mot, autrement rien ne seroit capable de soustraire la France à la ruine qui l'attend.

Point de conseils plus perfides dans les

momens malheureux et décisifs où nous sommes, que ceux des passions haineuses, et nous ne saurions trop le répéter, il n'y a plus que les sacrifices de la vertu qui puissent encore sauver notre malheureuse patrie.

Mais aussi, tout est petit, tout est bas ou tout n'est que sophisme hors des devoirs sacrés que l'amour des hommes prescrit, hors des touchantes et sublimes conceptions dont l'amour du bien public éclaire et aggrandit l'ame de tout ceux qu'il vivifie et qu'il échauffe. Rien n'est pour, eux tout est pour la patrie, sans le salut de laquelle ils sont fortement convaincus qu'il n'est plus de salut pour aucun des membres qui la composent.

En un mot, ce n'est pas ce patriotisme infernal, dont le feu dévorant, embrâsé par l'orgueil, ne veut point reconnoître de maître, et prétend que tout plie sous sa tirannique domination, et qui nous tient suspendu par un fil d'araignée au-dessus de l'abyme; mais cet amour de la patrie auquel le monstrueux égoisme est étranger, et qui ne veut le plus qu'il dépend de lui chercher son propre bien que dans l'avantage commune de tous. Non, il n'y a plus que ce dernier sentiment aussi épuré que la nature humaine le comporte, qui puisse encore sauver la France.

L'antiquité n'a eu que trop de patriotes et de sophistes pour le malheur du monde. Les Aristides, les Phocions, les Scipions, tels sont les citoyens, amis des hommes et de la patrie que nous nous imposons l'obligation de proposer pour modèle à nos concitoyens. Si nous étions assez heureux pour obtenir ce premier triomphe sur eux, ils rougiroient bientôt de nous avoir réduits à la déplorable nécessité de taire qu'ils sont chrétiens, et que la pureté de la morale évangelique sans rien exiger d'eux d'impossible, pourroît encore, en proscrivant l'impiété d'entre nous, nous élever à une hauteur à laquelle ces sages de l'antiquité n'ont pas pu atteindre.

Mais réduits comme nous le sommes à desirer dans nos comtemporains, les vertus, payennes de ces sages de la gentilité, qui n'avoient pas joui comme eux du bienfait signalé de la révélation, n'hésitons du moins pas, indentifiés comme nous le sommes avec eux, de finir par leur dire affirmativement :

Tant que nous nous bornerons à n'admirer chez les anciens que les exagérations qui ont fait le malheur du monde, nous ne serons que des nains méprisables auprès d'eux ; en supposant, toute fois, que la terre que nous aurons couverte de crimes en croyant les surpasser, ne nous engloutisse pas. Au lieu qu'en bien usant de l'avantage que nous donne sur eux le surcroit de nos lumières, nous pouvons encore laisser beaucoup au-dessous de nous ceux qui, même par cet endroit, sont les plus justement respectés. Puissions-nous ne pas fournir l'entier complément de cette vérité terrible, que nos cœurs sont peut-être, encore plus dépravés et plus corrompus que nos esprits ne sont éclairés.

Au reste, voilà la nation entre ses mains, ou plutôt dans celles de la providence. Ce n'est points les forfanteries démagogiques qui la sauveront de ses propres fureurs, si elle croyoit pouvoir achever de fournir la carrière d'iniquité, d'impiété dans

dans laquelle d'énergumènes scélérats l'ont entraînée ; certainement elle ne parviendra pas à se soustraire au souverain domaine de Dieu sur toutes ses créatures, elle sera traitée selon ses œuvres et justice en sera faite.

Quant à nous, foibles et impuissants que nous sommes, dont la conduite avoit toujours été une protestation contre les abus de l'ancien régime, qui espérions des états générauxleur redressement; la seule déclaration des droits, contre laquelle nous nous sommes élevés dans le tems, a suffi pour nous faire perdre entièrement un aussi doux espoir. Dès lors, en effet les excès, les attentats et les subversions de tous les genres n'ont plus été qu'en croissant, et nous n'avions pas le droit de les consentir par un lâche silence. Sans doute que si nous n'eussions consulté que nos forces, nous eussions fait plus sagement de nous taire. Mais aussi, essentiellement indentifié comme nous le sommes par principes, par sentimens avec la chose publique, à laquelle nous n'avons rien négligé pour lier étroitement notre sort; c'étoit pour nous un besoin de céder au sentiment profond et douloureux dont nous sommes pénétrés, et nous aimons à espérer que ce n'aura pas été sans quelque succès pour les citoyens de tous les partis auxquels il sera resté assez de droiture et de sensibilité pour apprécier les efforts, tout foibles qu'ils soient, d'un père de famille qui n'a jamais cherché et ne cherchera jamais son propre avantage que dans le salut public. Les arrêtés authentiques qui ont été pris en notre faveur dans les assemblées publiques de Paris, a l'appui de la cause du pauvre en font foi.

## OBSERVATIONS.

De toute part on nous menace, même de bons, d'excellens citoyens dont la bienveillance passée nous sera toujours chére, mais dans l'âme desquels les révolutionnaires ont soufflé la rage et la fureur dont ils sont animés, ont eu avec nous des procédés violens.

Il faut dire ici à tous nos concitoyens que nous ne connoissons d'armes que celle de la raison; que nous n'outrepassons en rien l'attitude du droit qui nous est garanti par la loi sur la liberté illimitée des opinions; qu'aureste nous avons toujours respecté, et nous respecterons toujours par notre conduite personnelle, l'ordre public tel qu'il puisse être ; mais qu'en lui soumettant toutes nos actions matérielles, qui que ce soit n'a le droit de nous forcer à lui soumettre de même nos pensées.

D'infidèles mandataires ont bien pu être parjures aux sermens qu'ils avoient fait dans les mains de la nation réunie en bailliages pour renverser en trois ans d'exaltation et d'effervescence, toutes les institutions qui avoient assuré la stabilité et la gloire de la monarchie Française durant 14 siècles. Eh ! tandis que la liberté sembleroit être pour tous, il n'y auroit donc de sûreté que pour les fanatiqnes apologistes des brusques et monstrueuses innovations qu'il ont eu l'audace de se permettre, en foulant aux pieds les engagemens sacrés qu'ils avoient contractés avec la nation Française, la seule fois depuis près de deux siècles qu'elle eut été constitutionnellement assemblée. Autant vaudroit-il dire, sois anarchique comme nous, ou te voilà sous le poignard des fauteurs de l'anarchie.

Français ! sachez être justes, si vous voulez être libres ou plutôt si vous ne voulez pas finir par être les lâches victimes de vos méprisables tyrans, alors vous serez forcez de convenir que nous avons le droit certain de détruire, autant du moins qu'il peut dépendre de nos foibles lumières, tous les misérables sophismes par lesquels d'audacieux novateurs ont cru pouvoir égarer pour toujours tous les esprits pour dominer tiranniquement notre malheureuse patrie.

Que si ces raisons, toutes décisives qu'elles soient, ne faisoient point d'impression sur ceux que nous plaignons encore plus qu'il n'est peut être en leur pouvoir de nous détester; du moins sommes nous assurés de ne leur avoir jamais fourni aucun moyen de nous retirer leur estime et nous déclarons ici que nous n'éprouvons point de désir plus vif que celui de pouvoir leur rendre la nôtre. Quant à notre affection pour eux, elle est toujours la même, ils sont hommes, cette fraternité n'est point pour nous un mot vuide de sens. Rien ne sera jamais capable de l'altérer.

Encore une fois nous ne connoissons point d'autres armes que celles de la raison par les voies de douceur et de persuasion. Telle est en dernière analyse notre profession de foi en matière de politique, ce que nous aurons à dire, nous le dirons tout haut, à tous. Un grand amour pour l'ordre, une forte haine pour le crime et pour la fausseté, c'est à quoi l'on peut s'attendre de notre par, tant qu'il nous restera un soufle de vie, et que nous le pourrons ; il n'y a assurément là ni complot, ni conspiration.

La coalition des gens de biens au centre de laquelle nous avons cherché à nous placer n'est pas un mistère, puisque nous avons invoqué hautement leur réunion dans notre *démonstration au peuple, du mal que lui ont fait les jacobins et tous les clubs du royaume* ; mais aussi l'on peut revoir cette brochure et les quatre autres dont elle a été suivie jusqu'à celle-ci et l'on y trouvera, qu'elles sont écrites dans les mêmes vues, dans les mêmes principes que nous professons ici.

En sorte que ceux-mêmes qui croient pouvoir nous regarder comme leur ennemi trouveront certainement dans leur ensemble de quoi les faire revenir d'une méprise aussi odieuse qu'elle est réellement destituée de toute espèce de fondement; car nous trouvons réellement au fond de notre cœur, une vraie et très-sincère affection même pour eux dont nous abhorrons le plus les monstreuses opinions; d'autant plus monstrueuses qu'outre qu'elles sont proscrites par la saine politique, qui est jugée telle par l'expérience des siècles, la funeste expérience qu'on vient d'en faire, rend en outre absolument inexcusables tous ceux qui auroient l'obstination d'y persister.

Nous savons bien que rien de tout cela ne persuadera le petit nombre d'hommes faux, de scélérats, qui n'ont rien tant à redouter que le rétablissement de l'ordre. Mais aussi devions-nous par ménagement pour eux, trahir lâchement l'intérêt publlic par un coupable silence? La vérité sera contre tous ceux qui n'auront pas été pour elle, et c'est sous son bouclier que nous avons dû nous croire en sûreté, sinon dans cette vallée de douleur et de larmes, du moins dans l'éternité qui attend indistinctement tous les foibles humains après cette vie incertaine et fragile.

D'ailleurs, nous ne voyons point de supplice plus atroce que celui de vivre au milieu d'une nation pour laquelle un homme, un citoyen, père de huit enfans, qui se montrant ainsi tout haut et sans nul déguisement, pourroit devenir la victime d'une pareille assurance, qui à coup sûr, n'a rien d'odieux ni de méprisable.

Au reste, les périls qui environnent depuis si long-tems notre malheureux monarque, Louis XVI, le successeur de tant de rois, ne nous permettent de voir dans cette situation toute douloureuse qu'elle soit, qu'un nouveau genre d'élévation, auquel nous ne devions nullement espérer d'avoir part à l'autre extrémité du trône.

Ose qui pourra se croire en sûreté au milieu d'un pareil ordre de chose tant qu'il subsistera; car l'on a encore vu que l'une des faces de la médaille. Il faut à présent qu'on voye l'autre. Dans une lettre écrite à propos de cette ouvrage ci, à l'un des membres de la coalition générale des bons citoyens de tous les partis au centre de laquelle nous avons publiquement offert de nous placer : cet excellent citoyen est doué d'une grande énergie, il gémit profondément de nos peines, et il aura sans doute fait passer ses sentimens dans l'ame de tous ceux qui seront faits pour les partager. L'on verra dans cette lettre, à quel point nous sommes entre la fureur des uns, l'indifférence et l'apathie, non moins cruelles des autres. Cela tient à l'histoire du tems où nous sommes, voici cette lettre.

Monsieur.

Il ne m'est nullement difficile de comprendre la raison de l'éloignement que vous paroissez rencontrer à vous charger des frais de l'ouvrage que vous savez.

C'est le peuple sur-tout qu'on veut instruire. Or vos petites feuilles multipliées comme elles le sont, aussi bien faites qu'elles le sont, produisent beaucoup mieux leur effet et coûtent beaucoup moins, et l'on peut les multiplier davantage. Ce raisonnement est juste et seroit exclusif contre moi, s'il étoit vrai qu'il ne fallût répandre des lumières que dans le peuple.

Mais l'adversité, cette bonne quoique dure maîtresse seconde à cet égard merveilleusement vos énergiques efforts, auprès de toute la partie du peuple qui vit du travail des mains, et l'on peut d'autant mieux compter sur leur effet que c'est à peu près prêcher un converti.

Il n'en est pas de même de la bourgeoisie, ni de cette partie de la noblesse qui a cru pouvoir trouver sa sûreté dans sa prétendue popularité et qui ne fait plus à présent qu'une seule et même classe avec elle et avec les créanciers de l'état, leûrrés par l'espoir d'éviter la banqueroute, trois classes de citoyens, dont les intérêts mal-entendus, ne sont qu'une seule et même classe de citoyens très-peu citoyens, puisque dans leur égoïsme se trouve toute leur politique et qui ne peuvent plus se choquer que je ne les désigne sous une même dénomination, celle de bourgeoisie. Eh! bien! cette bourgeoisie égoïste et inconsidérée, qui croit avoir gagné le haut bout en tout ceci, qui ne voit plus rien au-dessus de sa tête, qui croit que tout ce qui n'est pas elle est au dessous d'elle, qui ne se doute pas des dangers de tous les genres dont elle est menacée, qui conserve plus d'ascendant qu'on ne paroît le croire sur ce qu'elle appelle les petites gens ; cette bourgeoisie repousse vos pamphlets, quoiqu'ils comprennent autant de vérités que de lignes. Elle en empêche en grande partie l'effet et si cet effet n'est pas absolument nul, c'est que la misère du peuple lui parle plus haut et plus persuasivement que les prétendus citoyens bourgeois qui croient avoir intérêt à se tromper et à le tromper.

C'est, à proprement parler, pour soustraire cette classe d'hommes à une aussi funeste illusion, que mes écrits sont destinés. C'est sous ce point de vue que je desirerois qu'on voulût bien les envisager, qu'on s'occupât sérieusement de les distribuer avec discernement.

Une cinquantaine de bons citoyens qui en distribueroient chacun 20 ou 30 ou plus, s'il étoit possible, en ce sens, me sembleroient devoir faire beaucoup de bien.

L'on pourroit les prendre chez moi à telle condition qu'on voudroit, même pour rien ; car il n'est jamais entré dans mes vues de faire ce genre de commerce et il est sans doute des moyens à la fois plus délicats et plus honorables de me mettre dans le cas de fournir la carrière périlleusement civique dans laquelle me voilà engagé, et de me mettre dans le cas de remplir les charges que ma nombreuse famille m'impose.

Je tiens beaucoup au dernier ouvrage qu'on achève d'imprimer et que vous aurez mardi. J'y tiens, mais l'amour-propre n'est là pour rien et j'espère qu'il vous sera facile de vous en convaincre. Il aura entre 6 ou 7 feuilles. La composition des deux premières feuilles est payée, l'intérêt capital que j'attache à cette brochure ne m'a point permis de calculer le danger terrible où je m'exposois en pressant cette impression, comme si j'avois de l'argent en poche pour le payer, ce qui est bien loin d'être vrai. Quoiqu'il puisse m'en arriver, il falloit qu'il sortît, il sortira. Il faut bien que le véritable dévouement ait son caractère à soi, auquel il soit impossible de se méprendre.

Il n'est ni dans mes principes, qui me font abhorrer toute effusion de sang humain; ni en mon pouvoir (ma nombreuse famille n'ayant que moi et n'ayant pour elle que mon attachement inviolable au bien public) par ces deux raisons, dis-je, je ne puis ni ne dois aller à Coblentz, il faut donc que je paye ici à ma manière de ma personne, et dussai-je vendre la paille de mon lit, et subir encore par surcroit le sort dont les observations précédentes que je vous ai soumises, annoncent que je suis menacé, certainement je n'en aurai pas le démenti; non pas sans doute que je veuille, ou que je puise donner à qui que ce soit aucun droit sur ma vie, mais aussi dans d'aussi malheureux momens que ceux où nous sommes sur-tout, je n'ai plus d'autre crainte que celle de vivre, si par impossible, il falloit que jusqu'aux gens de bien eux-mêmes, se fussent montrés insensibles à mes peines, à des peines qui n'ont visiblement que le salut commun pour objet.

Je les prie par votre entremise qu'ils daignent observer, que c'est tout autre chose de ne chercher son propre bien que dans le bien public seulement, ou de chercher le bien public à l'entière exclusion du sien. Chef comme je le suis, d'une famille honnête et nombreuse, certainement je n'ai pas le droit d'être parricide, ni je ne puis avoir la volonté de le devenir.

Mais aussi je ne dois avoir rien de pareil à craindre, si les gens de bien imitent en leur genre l'étonnante énergie, dont nos communs ennemis nous donnent dans le leur, un si redoutable exemple. Les gens de bien, ils sont au corps politique ce qu'est à la machine animale la partie osseuse, sa force et son soutien. Je n'ai pu et je n'ai dû voir qu'en eux seuls, l'espoir du salut public; c'est eux que j'ai dû regarder comme la providence visible de l'état, aussi bien que celle de ma nombreuse famille et la mienne. J'ai donc pu et dû me placer avec une honnête assurance sous leurs auspices. Je l'ai fait publiquement, je dois donc compter sur eux et tant que je resterai ferme au poste chaux ou je me suis mis en sentinelle, autant pour eux que pour les miens et pour moi et pour notre commune patrie, je crois qu'il n'est ni de leur intérêt, ni de leur devoir, de m'abandonner à toute mon impuissance. Je dois espérer qu'ils ne m'abandonneront pas, et si par impossible, mon attente étoit déçue, si la ruine de ma famille et la mienne s'ensuivoit, elle ne seroit imputée qu'à eux, elle seroit leur ouvrage; *non pavisti, ergo occidisti.* Car je ne puis rien contre la justice, et parconséquent il m'est impossible de reculer, et d'un autre côté, je ne puis avancer qu'autant qu'ils daigneront énergiquement seconder (et sous tous rapports) la foiblesse de mes efforts : situation douloureuse et intolérable, qui invoque à grands cris la sensibilité et l'énergie de tous les bons citoyens auxquels vous aurez supposé assez d'âme pour la leur faire connoître.

Puisse l'issue de mes vives et instantes réclamations, que je crois avoir suffisamment motivées, n'être pas une preuve de plus *qu'il ne faut pas juger les conseils par les évènemens.*

Quoiqu'il en puisse arriver, nos communs devoirs, dans d'aussi malheureuses circonstances, sont irrévocablement compris dans ces deux versets.

*Erue eos qui ducuntur ad mortem, et qui trahuntur ad interitum liberare ne cesses.*

*Si dixeris : vires non suppetunt; qui ins-*

*pector est cordis ipse intelligit et servatorem animæ tuæ nihil fallit, reddetque homini juxtà opera sua.* Des Prov. chap. 24. v. 11 et 12.

P. S. Il faut déclarer ici, pour aller au devant des fausses interprétations, que ce n'est pas de l'immutabilité absolue des institutions d'un peuple, que nous avons eu dessein de traiter dans cet écrit; car nous n'ignorons pas que rien de ce qui n'est qu'humain n'est immuable.

Mais aussi nous soutenons qu'une révolution ne peut être légitime et salutaire qu'autant qu'elle est 1° indispensable, 2° qu'elle lie l'avenir au passé, 3° qu'elle s'opère dans le calme et la paix de la sagesse. Or il ne nous a été que trop facile de prouver tant dans notre écrit intitulé; *On vous a cruellement trompés, Français*, que dans celui-ci, que la révolution Française réunit à un dégré effrayant des caractères diamètralement opposés à ces conditions essentielles.

En préférant exclusivement le gouvernement d'un seul, nous n'avons voulu parler que de la France qui, en raison de son étendue et de son immense population, n'en comporte aucun autre; l'évènement tel qu'il puisse être justifiera cette assertion, qui a déjà en sa faveur les 14 siècles de stabilité qui ont précédé l'année 1789 et les trois ans d'agonie convulsive qui viennent de la suivre.

Au reste toutes les formes de gouvernement sont également indifférentes aux peuples vertueux et toute espèce de révolution à peu près également désastreuse pour les peuples corrompus.

Mais un peuple est-il vertueux par cela seul qu'il plait à ses lâches flatteurs de lui donner cette glorieuse qualification dans les phrases emphatiques que leur fausse et perfide énergie leur inspire ? Non assurément.

Il n'y a de peuple réellement vertueux que les peuples sincèrement attachés à la religion. L'indifférence à toutes les religions n'en est point une, c'est une impiété véritable ; or l'impiété est entièrement subversive de tout ordre public, et il n'est point de paix pour les impies ; *non est pax impiis.*

Et voilà pourquoi nous avons tant insisté dans chacun de nos divers écrits, tant dans l'ancien que dans le régime actuel sur un retour sincère à l'antique religion de nos pères, si digne par la pureté de sa doctrine de notre vénération et de nos hommages. Si les Français sont encore dignes d'elle, ils éviteront la ruine dont ils sont menacés, autrement rien ne peut les y soustraire. *Filii hominum, usquequò gravi corde ut quid diligitis vanitatem et quaeritis mendacium.*

A Paris le 26 février 1792.

LAMBERT.

Rue de Bièvre n° 19.

## ERRATA.

Page 39, dernier alinéa ; au lieu de : maintenant oseroit-on dire que l'inviolabilité du roi ait été respectée ? Nous répliquons, nous, à cet égard --- Lisez ; nous n'avons pas craint de dire. --- Page 40, ligne 23, au lieu de : leur, lisez, lui. --- Page 68, à la pénultième ligne, au lieu de : notre, lisez son.

www.ingramcontent.com/pod-product-compliance
Ingram Content Group UK Ltd.
Pitfield, Milton Keynes, MK11 3LW, UK
UKHW021103260726
13994UKWH00002B/687